U0657071

航海科普系列丛书

航　海

HANGHAI

编著 ◎ 何庆华　韩庆　胡明久　李国进

大连海事大学出版社
DALIAN MARITIME UNIVERSITY PRESS

图书在版编目(CIP)数据

航海／何庆华等编著. — 大连：大连海事大学出版社，2024.6
(航海科普系列丛书)
ISBN 978-7-5632-4328-0

Ⅰ.①航…　Ⅱ.①何…　Ⅲ.①航海—普及读物　Ⅳ.①U675-49

中国版本图书馆 CIP 数据核字(2022)第 255059 号

大连海事大学出版社出版

地址:大连市黄浦路523号　邮编:116026　电话:0411-84729665(营销部)　84729480(总编室)

http://press.dlmu.edu.cn　E-mail:dmupress@dlmu.edu.cn

大连金华光彩色印刷有限公司印装　　大连海事大学出版社发行

2024 年 6 月第 1 版　　2024 年 6 月第 1 次印刷

幅面尺寸:170 mm×240 mm　　印张:10.25

字数:188 千　　印数:1~1000 册

出版人:刘明凯

责任编辑:张　冰　　责任校对:刘宝龙

封面设计:解瑶瑶　　版式设计:解瑶瑶

ISBN 978-7-5632-4328-0　　定价:59.00 元

航海科普系列丛书

编审委员会

总 序

习近平总书记指出,“科技创新、科学普及是实现创新发展的两翼,要把科学普及放在与科技创新同等重要的位置”。海洋孕育了生命、联通了世界、促进了发展。“强于天下者必胜于海,衰于天下者必弱于海”,国家的兴盛与航海事业的发展密不可分。传承蓝色文化基因,教育引导青少年了解航海、热爱航海,是建设海洋强国、航运强国的重要举措。近年来,《中华人民共和国科学技术普及法》《关于新时代进一步加强科学技术普及工作的意见》《交通运输部关于加强交通运输科学技术普及工作的指导意见》《教育部办公厅 中国科协办公厅关于利用科普资源助推“双减”工作的通知》等法律和政策的出台,为新时代开展航海科普工作提供了遵循。

大连海事大学是中国著名的高等航海学府,是“享有国际盛誉”的海事院校。作为“航海家的摇篮”,普及航海科技知识、传承弘扬航海文化,是学校一直以来肩负的社会责任。建校百余年来,学校赓续航海文脉,着力打造新时代创新发展的“科普之翼”,沉淀结晶出一批一流的科普基地和作品,为开展航海科普教育奠定了坚实基础。

长期以来,学校不断加大优质科普作品资源供给,并集中优势力量策划、编写和出版“航海科普系列丛书”(以下简称丛书)。丛书由持有船长和轮机长证书的教授或业界专家编著,以海洋、航海、船舶、货物运输、港口、海事安全、航海叙事等为模块有机组合,将科技、历史、战争、贸易、艺术等融合其中,很好兼顾了政治性、思想性、科学性、实用性、通俗性、启发性和趣味性。丛书可用于面向公众尤其是青少年普及航海科技知识,提高大众航海科技文化素质,亦适合作为海事相关院校通识教育课程教材,还能为相关人士了解行业背景、获得行业知识提供有益参考。

丛书在策划、编写和出版过程中,得到了招商局集团、中国远洋海运集团、华洋海事中心有限公司、海丰国际控股有限公司的专业指导和鼎力相助,并由大连海事大学出版社进行审校和出版,保证了丛书的编写和出版质量,在此一并致谢!丛书在编写过程中,借鉴和参考了海事相关书籍和网络相关素材,在此向原作者表示感谢!

立足新时代，航海科普是充满光荣和梦想的远征。希望丛书的陆续出版，有助于协同构建航海科普共同体，推动航海科普与人才培养、科技创新深度融合发展，为国家、民族及行业孕育新希望，为服务加快建设海洋强国、航运强国贡献新的力量。

大连海事大学校长

2023年12月

前　言

航海是人类探索海洋的主要方式之一，是人类在海上航行，由一个港口到另一港口跨越海洋的活动。航海曾经是一种冒险行为，因为人类的知识有限，彼岸是未知的世界；现在，航海已发展成为一门科学。英国《大不列颠百科全书》认为："航海曾经被认为是一种技艺，现在已经成为一门科学和技术。"

早在新石器时代晚期就已经出现了航海活动。随着生产生活的需要，人们在新的领域里不断探索。公元前 4 世纪下半叶，希腊航海家皮忒阿斯驾舟从希腊当时的殖民地马西利亚（今法国马赛）出发，沿伊比利亚半岛和法国海岸，再沿大不列颠岛的东岸向北探索航行到达奥克尼群岛，并由此折向东到达易北河口，这是目前发现的西方最早的海上远距离航行记载。1492 年，哥伦布横渡大西洋到达美洲；1497 年，达·伽马绕过好望角抵达印度；1519 年，麦哲伦一路向西环球航行。早在新石器时代，中华祖先的航海活动就已经开始了，它是人类迈向海洋的第一步，显示了蒙昧时代人类的勇气和智慧。直至明朝，郑和率领远洋船队，于 1405 年至 1433 年，历时 28 年，先后 7 次下西洋，访问了亚非 30 多个国家和地区，航程过万里，成为中国古代造船业和航海事业的巅峰。

本书共分十二章：第一章阐述海上船舶定位的原理及方法，并介绍了海上航路的概念和分类；第二章讲述了海上确定方向的方法、航向与方位的基本知识，以及测量方向使用的几种罗经；第三章介绍了海里的定义、螺旋桨的种类、航速和航程的基本概念，以及车钟的含义；第四章介绍了海图的发展历史、墨卡托投影海图的原理、电子海图的使用，以及船上常配备的航海出版物；第五章介绍了海上助航标志的发展历程，世界上最知名的灯塔、灯船和灯浮的作用，虚拟航标的意义，以及国际航标协会浮标制度等；第六章介绍了潮汐的形成原因、潮汐术语、中国近海的潮汐类型、潮汐推算在航海上的应用方法、潮流的形成，以及世界大洋环流的基本知识等；第七章介绍了航次的定义方法、制订航次计划的方法、航线设计的原理及方法，以及气象导航的意义和作用；第八章介绍了四大洋的命名来历及天气特点、大洋航行特点、如何设计大洋航线，以及如何控制大洋航行风险等；第九章介绍了沿岸航行特点、沿岸航线设计方法、以及如何控制沿岸航行风险；第十章介绍了世界十大海峡、狭水道航行特点、如何确定船舶最小安全水深、狭水道导航方法，以及如何控制狭水道航行风险；第十一章介绍了船舶在雾中、冰区、大风浪，以及岛礁区等特殊条件下航行的方法及注意事项；第十二章介绍了船舶交通管理和船舶定线制度的基本知识。

本书为航海科普类书籍，尽量做到图文并茂，通俗易懂，富于知识性、新奇性和科普性。

本书供航海爱好者参考使用，使读者能够了解航海基本知识，学习航海文化，从而热爱海洋与航海。

本书由大连海事大学何庆华、韩庆、胡明久和李国进等编著。编写过程中，得到了众多航海同行支持，在此表示衷心感谢！

由于篇幅和作者水平、见识有限，本书难免存在纰漏讹误之处，尚祈专家及广大读者指正为盼。

编著者

2023 年 12 月

目　录

第一章 船舶定位

茫茫大海，如果不能准确确定船舶的位置，对航海人来说，无疑是一种很大的风险。船舶定位(Ship’s Position Fixing)就是利用合适的方法确定船舶在海上的位置。

船舶定位的发展历程

人类不断地从近海向远海探索,其关键技术就是准确获得船位。从这个角度来看,船舶定位和导航的发展历程就是一部航海史。

目测导航

最早的航海家可能是通过熟悉介于出发地和目的地之间的物标(比如岛屿、山峰等)从而实现驾船航行于沿岸港口,这种船舶定位方法也就是目测导航。即使是在科技这么发达的现代,目测导航还是最重要、最直观的导航方法。

测深锤

腓尼基人及其继任者迦太基人发明了一种称为测深锤的工具。这种工具由石头或铅制成,里面有一根很长的绳子连在动物油脂上。水手们过去常常将这种工具降落到海底,以确定海水有多深,并利用这种测量来估计他们离陆地有多远。此外,该工具在动物油脂的帮助下,可以从海床上收集沉积物,从

而使专业水手能够确定船只的位置。

罗盘

当远离陆地，或者天气不好的时候，水手们就很容易迷失在茫茫大海上。中国古人发明的指南针使得船舶可以航行得更远，对未来航海起到了至关重要的作用。

在秦汉时期，中国航海家循着某条航线反复地进行航行实践，逐渐加深认识后，便开始尝试对该航线进行描述。最原始的航线描述一定出自航海家之手，后被史家转录于史籍，我们才得以略窥一二。如《汉书·地理志》所记录的汉使从日南、徐闻、合浦发船去往黄支国并返回的整个过程，也可以看作对该航线的描述。它具备了航线描述的几大要素，一是起航地，二是到达地，三是航程。自汉使登船出航起，每一段都交代得相当清楚。值得注意的是，由于海上难以计量里程，古人往往以时间来计量航程。汉使计程正是如此，以“月”和“日”计量航程。应该说，以这样大的时间单位计量航程难言精确，况且动辄几十天、几个月，这只是对航程的大致估算和对航线的粗略描述，尚不能用于指导航海，属于模糊航海阶段。

计量航海时代的标志工具是航海罗盘。指南针是我国古代最伟大的发明之一，根据目前发现的史料来看，指南针与标示二十四方位的传统堪舆罗盘相结合制成的“航海罗盘”用于航海最晚不超过北宋末年。

以航海罗盘针位记录的航线称为针路，如图 1-1 所示。模糊航海时期，跨洋航线只能是单一航向的直航。使用航海罗盘导航后，不存在直航条件的两地之间的跨洋航线可以按照针位变化进行规划，通俗地说，即变直线航行为折线航行。这种折线航路，须以连续的针位来记录，即针路，也是船舶的定位工具。

过洋牵星

《武备志》中收录的《郑和航海图》及所附四幅《过洋牵星图》，足以反映出郑和船队在远洋航行中如何解决正确判断船舶位置与方向、准确确定航线等一系列重大技术问题，从而为后世留下了中国最早、最具体、最完备的关于牵星术的记载，为后来的天文航海打下坚实的基础。

电子定位导航

随着电子技术、无线电信息技术的发展，电子定位导航应用于航海，使得

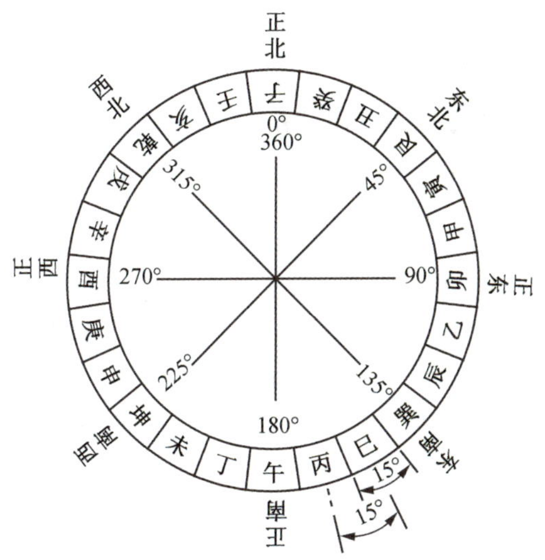

图 1-1 航海罗盘针位图

航海变得越来越简单。电子定位导航的发展经历了从单一、低精度定位到综合、高精度定位,从近距离、非连续定位到全球范围、全天候连续定位的过程。

1921 年世界上第一个无线电信标建成,标志着无线电测向应用于定位导航。无线电测向定位系统基于环状天线可以测出电波来向的特性,测定无线电信标的方位,属于方位定位,可以实现远距离定位,有效距离可达 100 n mile。

雷达最早出现于 20 世纪 30 年代末,1945 年雷达开始进入商用。雷达应用于船舶是航海发展的重大突破,利用雷达测定目标的距离和方位变得简单,也改变了船舶在能见度不良时航行困难的历史。

最早出现的双曲线导航系统为英国的“基(Gee)”系统,1937 年开始研制,1942 年投入使用。商船使用的第一代双曲线导航系统为罗兰系统。第一代罗兰系统为罗兰 A(Loran-A)系统,1940 年由美国研制,1943 年第一个完整投入使用,后发展改进为 1957 年开始使用的罗兰 C(Loran-C)系统。作用距离较近的高精度双曲线导航系统是台卡(Decca)定位系统,1944 年投入使用。1966 年开始使用全球、全天候、精度较高的奥米伽(Omega)系统。双曲线导航系统的定位原埋是利用无线电波测定观测点至两个发射台的距离差,得出双曲线位置线。

随着卫星导航技术的迅速发展,卫星导航也应用于船舶,使得船舶定位变得异常简单,同时还具有全球、全天候、高精度、综合性和连续性等特点,也使无人船舶成为可能。

地理坐标的建立

航海离不开对地球的认识。人类认识大地的形状,经历了漫长的岁月和艰难的历程。公元前 6 世纪,人们已经认识到大地是球形的;公元前 2 世纪,埃拉托色尼计算出地球半径约为 6 300 km;17 世纪末,牛顿推断地球不是圆球而是椭圆球;18 世纪,赫尔默特建立了物理大地测量学,弧度测量越来越精确;20 世纪,现代空间大地测量学使得大地测量越发精确;21 世纪,大地测量向数字地球的方向发展。地球的自然表面有高山、峡谷、平原、江河、湖泊和海洋,是不平坦的。地球上最高的山峰珠穆朗玛峰高度约为 8 844. 43 m,对常人来说,是不可企及的高度,但相对于约 6 367 km 的地球半径来说,仅为千分之一左右。从浩瀚的太空俯瞰地球,地球就是一个近似圆球体,如图 1-2 所示。

图 1-2　从太空俯瞰地球

大地球体

航海所研究的地球形状,是指由假想的大地水准面所包围的闭合几何体——大地球体。所谓大地水准面,是指与各地铅垂线相垂直且与完全均衡状态的海平面相一致的水准面,也可以说,大地水准面是与平均海面相重合且延伸至大陆的一个连续的、无折痕的、无棱角的闭合曲面,如图 1-3 所示。

由于地球内部物质分布不均匀,地球表面又存在起伏,大地球体仍是一个不规则的球体,不是数学曲面,不能直接在其上进行运算,也不能直接在其上建立坐标系,怎么办呢?经过长期的实践,发现圆球体和椭圆体表面是两个与大地水准面非常接近的数学表面。航海上,如果精度要求不高,为了计算的简

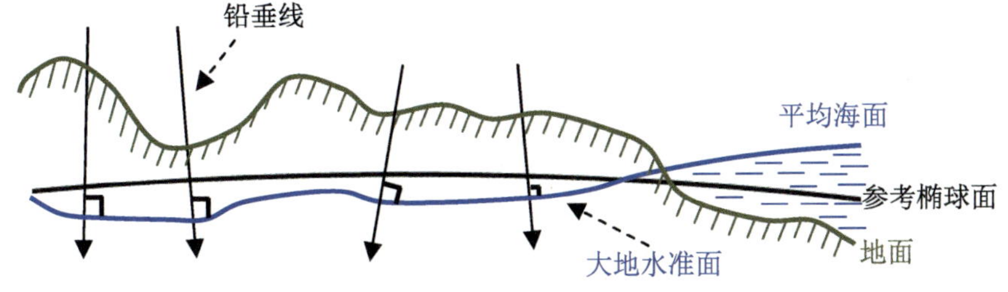

图 1-3 大地水准面

便,可以将大地球体看作圆球体,即大地球体的第一近似体;如果需要较为准确的航海计算,应将大地球体看作椭圆体,即大地球体的第二近似体。

地理坐标

天文学家、制图员和航海员为发现确定经度的方法做出了巨大努力。经度测量对制图和航海都很重要。人们花费了数百年的时间才研究出一种准确可靠的经度测定方法,涉及人类历史上最伟大的科学头脑。

建立地理坐标首先要在地球椭圆体表面上确定坐标的起算点和坐标线图网。过地轴的任一平面叫子午圈平面,它与地球椭圆体表面相交的截痕是一个椭圆,称为子午圈;其中由北极到南极的半个椭圆,叫子午线,或经线。"子"指的是北,"午"指的是南。经过英国伦敦格林尼治天文台子午仪的子午线叫格林尼治子午线。与赤道平面平行的平面称为纬度圈平面,它与地球椭圆体表面相交的截痕是一个小圆,称为纬度圈。地理坐标的起算点就是赤道和格林尼治子午线的交点,经线与纬度圈构成坐标线图网。

地面上某点的地理纬度,简称纬度(Latitude),为地球椭圆子午线上该点法线与赤道面的夹角,用 Lat 或 φ 表示。度量方法是从赤道起,向北或向南度量,范围是 0°~90°,从赤道向北度量的叫北纬,用"N"表示;向南度量的叫南纬,用"S"表示。例如,图 1-4 中 A 点的地理纬度为 $\varphi = 40°00'00''$N,B 点的地理纬度为 $\varphi = 20°00'00''$S。

地面上某点的地理经度,简称经度(Longitude),为地球椭圆体格林尼治子午线与该点子午线在赤道上所夹的劣弧长,或该劣弧所对应的球心角(或叫极角),一般用 Long 或 λ 表示。度量方法是从格林尼治子午线起,在赤道上向东或向西度量到通过该点的子午线止,范围是 0°~180°,从格林子午线向东度量的叫东经,用"E"表示;向西度量的叫西经,用"W"表示。例如,A 点的地理经度为 $\lambda = 20°00'00''$W,B 点的地理经度为 $\lambda = 40°00'00''$E。

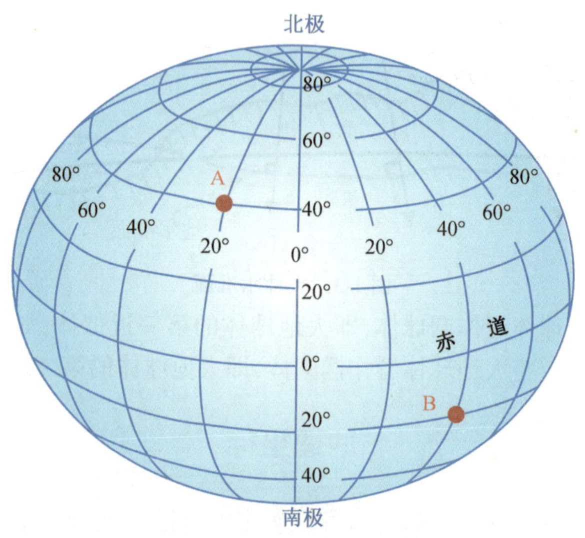

图 1-4　地理位置

大地坐标系

对于地球椭圆体，仅仅知道它的参数是不够的，还必须建立大地坐标系，对具有一定参数的椭圆体进行定位和定向，确定它与大地球体的相对位置。用地理坐标来表示船舶与物标的位置只能在相应的大地坐标系下成立，具有相对性。

20 世纪 30 年代，美国和苏联等国家利用卫星观测等手段，开展了建立地心坐标系的工作。美国国防部曾先后建立过世界大地坐标系（World Geodetic System，简称为 WGS）WGS-30、WGS-33 和 WGS-72，并于 1984 年开始，经过多年修正和完善，建立起更为精确的地心坐标系统，称为 WGS-84。WGS-84 坐标系是目前 GPS 测量所采用的坐标系统。目前，WGS-84 坐标系是世界上使用最广泛的坐标系。

中华人民共和国成立初期，我国采用了 1954 北京坐标系，这是将我国大地控制网与苏联 1942 年普尔科沃大地坐标系相联结后建立的过渡性大地坐标系。该坐标系采用了苏联的克拉索夫斯基椭球体。20 世纪 80 年代初我国建立了新的国家大地坐标系——1980 西安坐标系，其采用了 1975 国际椭球体，大地原点设在陕西省泾阳县永乐镇。

1954 北京坐标系和 1980 西安坐标系在我国经济建设和国防建设中发挥了巨大作用。但随着时间的推移，这两个以经典测量技术为基础的局部大地坐标系无法适应科技的发展，不能满足我国经济发展和国防现代化建设的需要。

经国务院批准，根据《中华人民共和国测绘法》，我国自 2008 年 7 月 1 日起启用 2000 国家大地坐标系（China Geodetic Coordinate System 2000，简称 CGCS2000）。CGCS2000 坐标系是全球地心坐标系在我国的具体体现，其原点为包括海洋和大气的整个地球的质量中心。

各国在建立大地坐标系时，为使选定的地球椭圆体与其所在地区的大地水准面更为接近，通常采用不同的坐标系。同一船舶的位置与同一物标的位置在不同的大地坐标系中其地理坐标往往是不同的，应进行不同的大地坐标系间的坐标变换。

你知道吗

CGCS2000 坐标系与 WGS-84 坐标系关于坐标原点、尺度、定向及定向演变等方面的定义是一致的，使用的参考椭球体也非常接近，因此，二者差别很小，在航海上可以直接互换。

船舶定位方法

现代航海船舶定位方法主要包括航迹推算、陆标定位、电子定位和天文定位等。

航迹推算

航迹推算是根据船上最基本的航海仪器（罗经和计程仪）所指示的航向和航程，结合海区内的风流要素和船舶操纵要素，不借助外界物标或航标，从某一已知船位起，推算出具有一定精度的航迹和某一时刻的船位的方法。它是驾驶员在任何情况下，求取任何时刻的船位的最基本的方法，也是陆标定位、天文定位和电子定位的基础。

图 1-5 所示为无风流时的航迹推算。已知 0800 时的船位，根据真航向（利用罗经）、1 h 的航程（利用计程仪）可获取 0900 时的推算船位（航海中习惯用四位数字表示时间，24 h 制）。

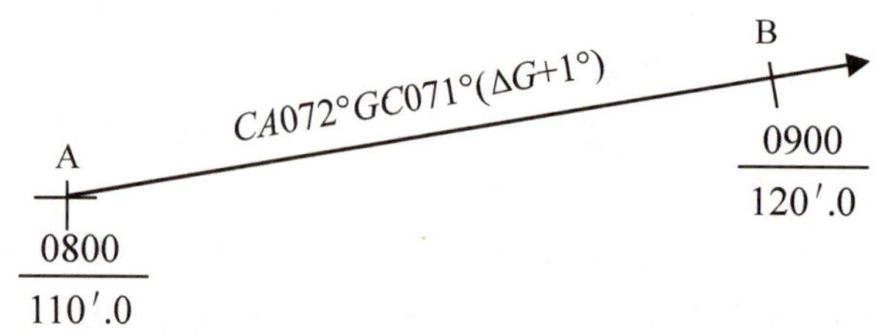

图 1-5　无风流时的航迹推算

在海图上从 0800 推算起始点 A 画出计划航线或真航向线，以推算航程（10 n mile）截取推算点 B，得到 0900 的推算船位，并标注计划航向（*CA*）、陀罗航向（*GC*）和陀罗差（Δ*G*）等信息。图中时间下面的数值是对应时间的计程仪读数，0800 的计程仪读数为 110′. 0，0900 的计程仪读数为 120′. 0，假设计程仪无误差，计程仪读数差则为推算航程。

陆标定位

陆标是指海图上标有准确位置可供目视或雷达观测，用以导航或定位的山头、岛屿、岬角、灯塔、立标及其他显著的固定物标的统称。观测陆标与本船的方位、距离和方位差等相对位置关系进行定位的方法和过程称为陆标定位。沿岸航行时，陆标定位是一种简单、可靠的基本定位方法。

根据所测船位线的性质不同，陆标定位可分为方位定位、距离定位、方位距离定位和移线定位等。

利用罗经同时观测两个或两个以上陆标的方位来确定船位的方法和过程称为方位定位。方位定位具有观测与作图简单、迅速、直观等优点，是最基本和最常用的陆标定位方法之一。如图 1-6 所示，为三方位定位，测定三个陆标的真方位，三条方位线相交成一点或一小三角形，即可得到观测船位。

如果能同时测得船舶与附近两个或三个物标之间的距离，则可以分别以被测物标为圆心，以相应的距离为半径绘画距离位置线，其中靠近推算船位的一个交点即为观测时刻的船位，这种方法和过程称为距离定位。如图 1-7 所示，为两距离定位，同时利用雷达测定航线附近两个岬角的距离分别为 3. 8 n mile 和 4. 2 n mile，得到两条距离位置线，交于航线附近一点，该点即为该时刻的观测船位。

利用视界内唯一可供观测的物标，同时测定其方位和距离，可得到该物标同一时刻的方位和距离位置线，它们的交点即为观测时刻的船位。这种定位方法称为单物标方位距离定位，如图 1-8 所示，同时利用雷达观测西磨盘礁的方位和距离，两条位置线相交于一点，该点即为该时刻的观测船位。

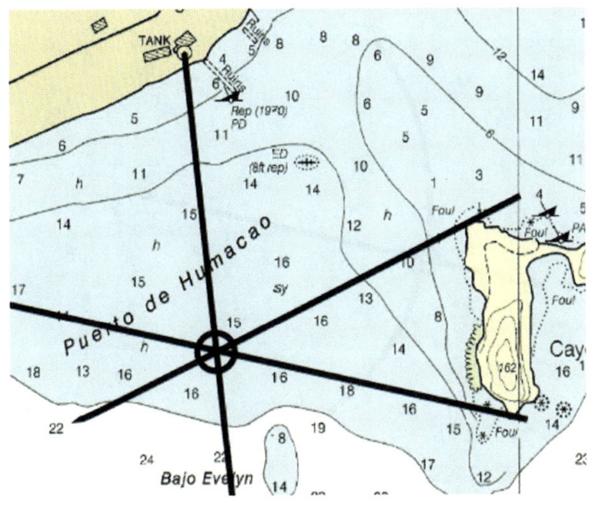

图 1-6 三方位定位

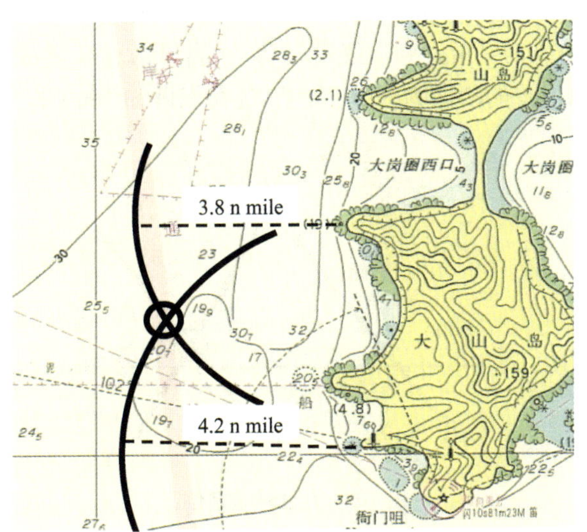

图 1-7 两距离定位

单物标方位距离定位最为简单，精度也高，但如果识别物标错误，所确定的船位也是错的。

船在航行中，当同一时刻只能测得一条位置线（比如方位位置线或距离位置线）而无法直接确定船位时，应用转移位置线原理，将不同时刻观测所得的两条位置线转移到同一时刻进而确定船位的方法和过程叫作移线定位，所获得的船位称为移线船位。移线定位运用了推算的方法，所以精度较差。

如图 1-9 所示，0900 测西磨盘礁的方位，得方位位置线 P_1，与计划航线相

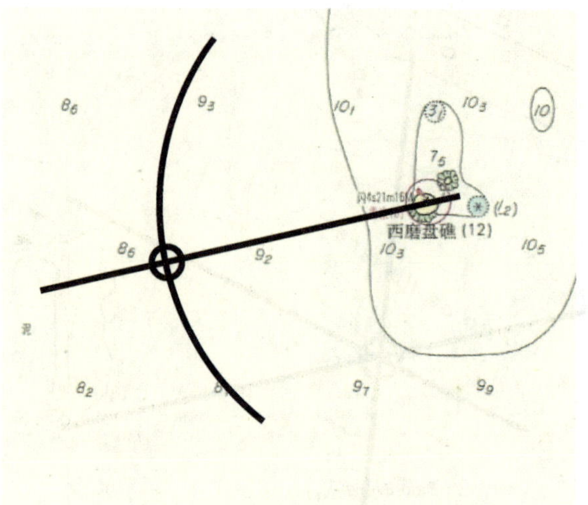

图 1-8　单物标方位距离定位

交于 A 点；1000 测该礁的方位，得方位位置线 P_2；根据计程仪可知，0900 至 1000 的航程为 S；将 P_1 沿计划航线平行移动，得到方位位置线 P_1'，交计划航线于 A′点，使得 AA′的距离为 S；P_1'和 P_2 的交点即为 1000 的移线船位。

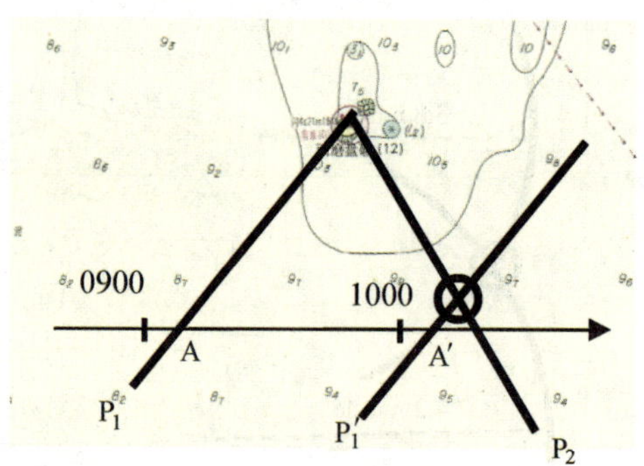

图 1-9　方位移线定位

电子定位

随着电子技术、无线电信息技术的发展，电子定位导航系统逐渐成为舰船上主要的定位导航手段。电子定位导航系统主要包括无线电测向定位系统、雷达定位系统、双曲线导航系统和卫星导航系统等。无线电测向定位系统和双曲线导航系统逐渐被淘汰，目前常用的电子定位导航系统是雷达定位系统和卫星导航系统。

雷达包括发射机和接收机。发射机通过定向旋转天线按一定的方向发射脉冲电波，当遇到物标（金属类物质回波强）时，脉冲电波的一部分能量从原方向被反射回来，接收机就可将周围物标的回波显示在雷达荧光屏上，通过测量电波往返时间，显示物标的距离，测量回波影像可测出方位。

雷达显示是指平面位置显示器（Plan Position Indicator，简称 PPI），如图 1-10 所示。在 PPI 上，扫描线为一半径线，以扫描范围中心为中心，并伴随天线一起旋转。任何回波将在显示屏上用亮光指示物标的方位和距离。

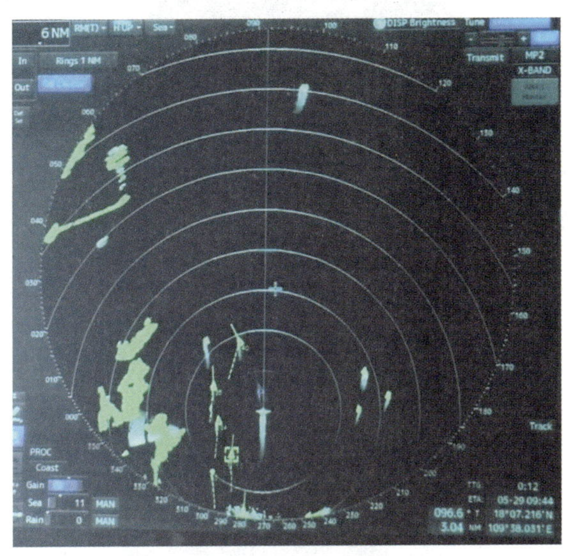

图 1-10　雷达显示屏

雷达定位就是利用雷达测出物标的距离和/或方位，在海图上作图画出船位。雷达定位常用的方法包括单标方位距离、两物标方位、两物标距离、三物标方位和三物标距离等。这几种定位方法中，以三物标距离定位精度最高，两物标方位定位精度最低。

雷达不仅可以用于定位（方位、距离）和导航，还可以协助船舶的避让操纵，尤其是在夜间或者能见度不良时。

随着科技的发展，雷达已从原来的模拟信号的接收显示发展为模拟信号、数字信号的综合运用。通过模拟信号解算得出的数字信号，不仅可以再现周围船舶、助航设施、危险物等信息，还可以结合数据处理设备组成自动雷达标绘仪，实现对目标的自动捕捉与跟踪，并显示目标的速度、航向、方位以及与本船的关系（比如最近会遇距离、最近会遇所需时间等），帮助驾驶员做出正确判断，从而提高安全系数。

全球卫星导航系统，是能在地球表面或近地空间的任何地点为用户提供全天候的三维坐标和速度以及时间信息的空基无线电导航定位系统。

目前比较完善的卫星导航系统包括 GPS(Global Positioning System，见图 1-11)、BDS(BeiDou Navigation Satellite System，见图 1-12)、GLONASS(Global Navigation Satellite System)和 GALILEO(Galileo Satellite Navigation System)。除了上述四大卫星导航系统，还有区域系统和增强系统，其中区域系统有日本的 QZSS 和印度的 IRNSS；增强系统有美国的 WASS、日本的 MSAS、欧盟的 EGNOS、印度的 GAGAN 以及尼日利亚的 NIGCOMSAT-1 等。

图 1-11　GPS 定位仪

图 1-12　北斗卫星导航系统

最早出现的卫星导航系统是美国的 GPS，现阶段技术最完善的也是 GPS，其具有全能性、全球性、全天候、连续性和实时性的导航、定位和定时功能，能为用户提供精密的三维坐标、速度和时间。

受应用需求的刺激，民用 GPS 技术蓬勃发展，出现了差分全球定位系统(Differential Global Positioning System，简称 DGPS)技术，进一步提高民用 GPS 的应用精度，可达米级。许多国家在本国沿海建立了 DGPS 台链，DGPS 可以覆盖距沿岸 DGPS 基准台 150 n mile 的海域。

GPS 在航海上的应用是船舶定位技术的一次重大突破,是导航技术的一次质的飞跃。

北斗卫星导航系统(以下简称北斗系统)是中国着眼于国家安全和经济社会发展需要,自主建设运行的全球卫星导航系统,是为全球用户提供全天候、全天时、高精度的定位、导航和授时服务的国家重要时空基础设施。

北斗系统是继美国 GPS 和俄罗斯 GLONASS 之后第三个成熟的卫星导航系统。系统由空间段、地面段和用户段组成。

20 世纪后期,中国开始探索适合国情的卫星导航系统发展道路,逐步形成了“三步走”发展战略。

第一步:北斗一号,解决有无

1994 年,启动北斗一号系统建设;2000 年,发射 2 颗地球静止轨道(GEO)卫星,系统建成并投入使用,采用有源定位体制,为中国用户提供定位、授时、广域差分和短报文通信服务;2003 年,发射第三颗地球静止轨道卫星,进一步增强系统性能。

北斗一号,使中国卫星导航系统实现从无到有,使中国成为继美、俄之后第三个拥有卫星导航系统的国家。北斗一号是探索性的第一步,初步满足中国及周边区域的定位导航授时需求。北斗一号巧妙设计了双向短报文通信功能,这种通导一体化的设计,是北斗的独创。

第二步:北斗二号,区域无源

2004 年,启动北斗二号系统建设;2012 年,完成 14 颗卫星,即 5 颗地球静止轨道卫星、5 颗倾斜地球轨道(IGSO)卫星和 4 颗中圆地球轨道(MEO)卫星的发射组网。北斗二号在兼容北斗一号技术体制基础上,增加无源定位体制,为亚太地区提供定位、测速、授时和短报文通信服务。

第三步:北斗三号,全球服务

2009 年,启动北斗三号系统建设;2020 年,全面建成北斗三号系统。北斗三号系统继承有源服务和无源服务两种技术体制,为全球用户提供基本导航(定位、测速、授时)、全球短报文通信和国际搜救服务,同时可为中国及周边地区用户提供区域短报文通信、星基增强和精密单点定位等服务。

北斗系统的远景目标是在 2035 年前建设更加泛在、更加融合、更加智能的综合时空体系。

北斗系统具有以下特点:一是北斗系统空间段采用三种轨道卫星组成的混合星座,与其他卫星导航系统相比高轨卫星更多,抗遮挡能力强,尤其低纬度地区性能优势更为明显,二是北斗系统提供多个频点的导航信号,能够通过多频信号组合使用等方式提高服务精度;三是北斗系统创新融合了导航与通

信能力，具备定位导航授时、星基增强、地基增强、精密单点定位、短报文通信和国际搜救等多种服务能力。

天文定位

船舶在大洋航行，由于陆标少，无法使用雷达定位，卫星导航系统故障时，天文定位成为备用方式。所谓天文定位，就是利用天体的位置来确定船舶在海上的位置。19 世纪中叶，由法国航海家圣·希勒尔（St. Hilaire）提出的高度差法（也叫截距法）为现代天文航海奠定了理论基础，并在航海实践中得到了广泛的应用。

海上测天定位主要包括白天太阳移线定位和晨昏测星体定位。

白天通常只能观测太阳，在观测一次太阳求得一条太阳船位线后，间隔一段合适时间再观测一次，求得另一条太阳船位线，然后进行移线定位，这种定位方法称为太阳移线定位。

夜间，满天繁星，却无法定位，因为这时候看不到水天线，也就无法观测星体的高度。测星定位必须具备两个条件：一是有可供观测的星体；二是水天线可见。因此，测星定位最佳时机是早晨或黄昏（合称晨昏）这比较短的时间。在短时间内对三颗星体采用高度差法，得到三条位置线，相交得到观测船位，就叫三星定位。

天文定位所使用的设备主要是六分仪，如图 1-13 所示。六分仪是从古代测角仪器不断发展而来的。六分仪是手提式测量天体高度或地面两物标间夹角的光学仪器。它因仪器上的刻度弧约为圆周的六分之一而得名，精度达 0.1′或 0.2′。在六分仪出现以前，人们曾使用过多种精度较低的测天工具。中国元代和明代使用过量天尺，明代使用过牵星板。阿拉伯人在 15 世纪前后数百年间使用过拉线板。欧洲人在 15 世纪使用过四分仪和星盘，16 世纪使用过十字杆，17—18 世纪使用过反测器。1730 年英国科学家约翰·哈德利发明双反射八分仪，大大提高了观测精度，其因仪器上的刻度弧约为圆周的八分之一而得名。后来为了便于观测月距，刻度弧加长为 60°，成为六分仪。此后六分仪成了观测天体高度的航海仪器的通称。

天文定位的优点包括所使用的设备简单、可靠，观测的目标是自然天体而不受人控制，不发射任何声、光和电波而具有隐蔽性等。

同样，天文定位也存在缺点，主要是受自然条件限制，不能全天候导航，必须人工观测，技术烦琐，且精度不高。

“过洋牵星术”是中国古代航海所用的天文观察导航技术，是指用牵星板测量所在地的星辰高度，然后计算出该处的地理纬度。牵星板是测量星体距

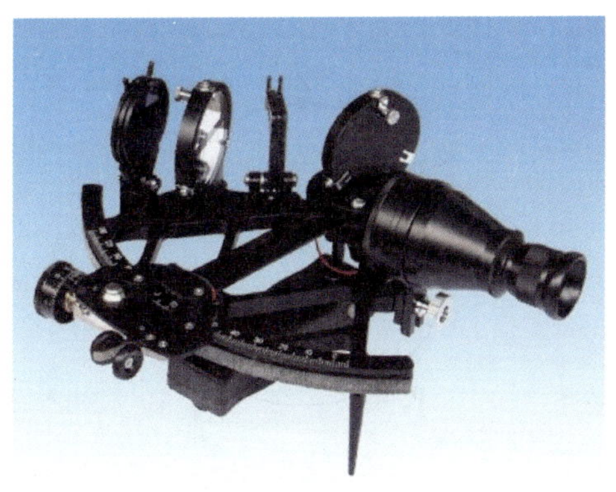

图 1-13　六分仪

水平线高度的仪器，其原理相当于当今的六分仪。通过牵星板测量星体高度，可以找到船舶在海上的位置，如图 1-14 所示。

图 1-14　古人利用牵星板测星

图 1-15 为天球图，P_N 和 P_S 分别为天北极和天南极；QWQ′E 为天赤道；*NESW* 为测者地面真地平平面；北极星在天北极附近，其高度为 P_NN 的弧度，测者的纬度为 ZQ 的弧度：

$$\because ZQ + P_NZ = 90^\circ$$

$$P_NN + P_NZ = 90^\circ$$

$$\therefore P_NN = ZQ$$

利用牵星板测得北极星的高度 P_NN，即得到测者所在地的纬度。

牵星术的主要工具是牵星板，牵星板共有大小十二块正方形木板，以一条绳贯穿在木板的中心。

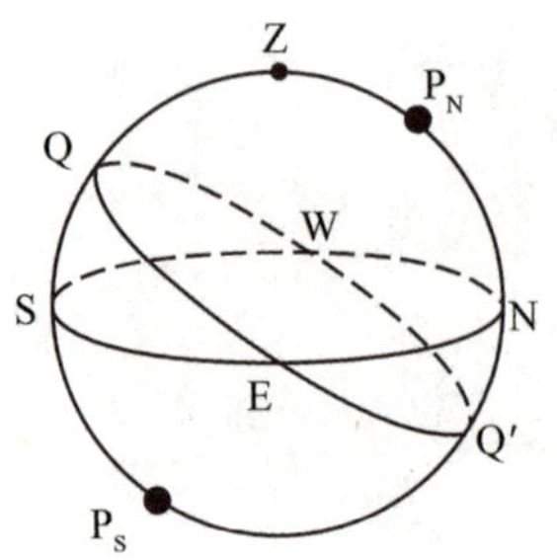

图 1-15　天球图

你知道吗

船舶定位的原则是能够应用两种及以上的方式定位，不能仅依靠一种方式定位。因此，在沿岸、港湾或狭水道航行，常用电子定位和陆标定位；在大洋航行，常用电子定位和天文定位，如果由于天气原因，无法采用天文定位，则航迹推算就作为电子定位的备用定位手段。

时间

航海与时间密不可分。早在船上的时钟普及之前，水手们就依靠太阳、月亮和星星的位置来计算时间。航海人员必须正确理解和熟悉时间系统，时间是保证船舶安全、经济运行的重要因素。

时间表示物质运动的连续性。计量时间就是测量某一现象发生的时刻和持续的长短，这就必须把某一事物发生的时刻作为测量时间的起点，并以某一事物重复出现的周期作为测量时间的单位。周期运动的均匀性和重复性是建立时间单位的两个必要条件。

时间系统

时间与天体位置之间存在着密切关系。时间计量标准可分为世界时系统、历书时系统和原子时系统，如图 1-16 所示。

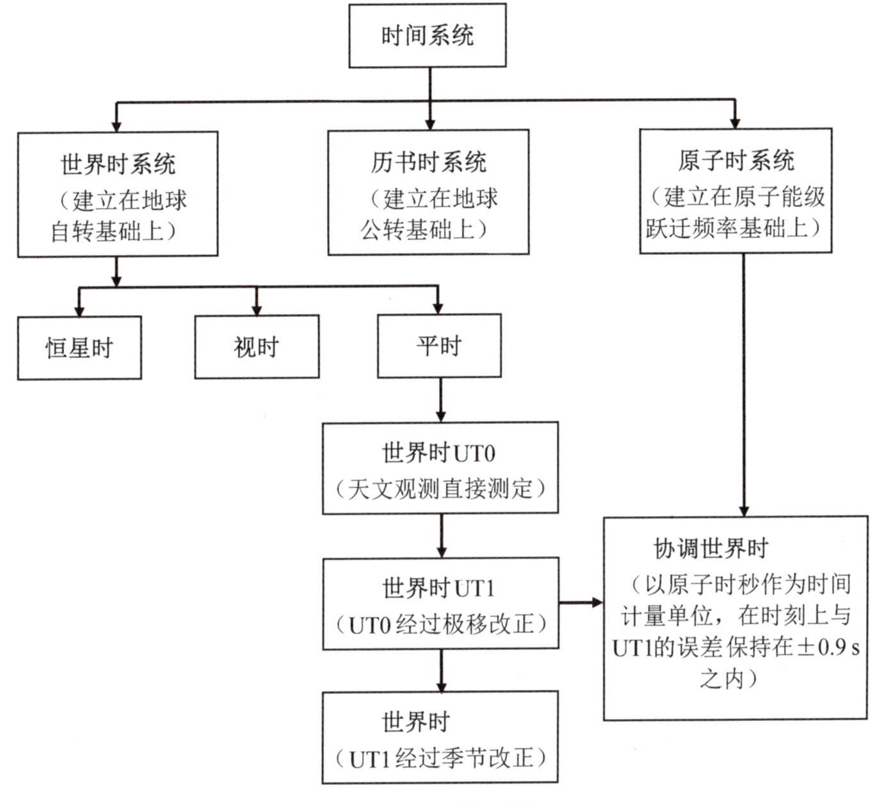

图 1-16　时间系统

有关时间的术语解释如表 1-1 所示：

表 1-1　时间术语

术　语	解　释
世界时系统	建立在地球自转基础上的时间系统，Universal Time，简称 UT
历书时系统	建立在地球公转基础上的时间系统
原子时系统	建立在原子能级跃迁频率基础上的时间系统
恒星时	建立在地球自转运动基础上的时间系统，以春分点为参考点，以其周日视运动的周期作为时间的计量单位

续表

术 语	解 释
视时	建立在地球自转运动基础上的时间系统，以太阳为参考点，以其周日视运动的周期作为时间的计量单位
平时	建立在地球自转运动基础上的时间系统，以平太阳为参考点，以其周日视运动的周期作为时间的计量单位
世界时	周日视运动中，平太阳由格林子圈起，向西运行所经历的时间间隔
协调世界时	是以原子时秒长为基础，在时刻上尽量接近于世界时的一种时间计量系统

世界时

在相当长的一段时间内，人们把世界时作为均匀的时间来使用，即认为地球自转的速率是均匀的。随着观测资料年复一年的积累和精密时钟的出现，人们才从实测中证实地球自转的速率是不均匀的，并具有相当复杂的表现形式，从而导致以地球的自转周期作为时间的计量单位也是不均匀的。

另外，地球在自转的过程中还存在“扭动”现象，从而使地极产生移动，简称极移。极移使地球上各点的经纬度发生变化，导致世界各地天文台测得的世界时之间存在微小的差别。

虽然上述因素引起的误差很小，但是，随着科学的发展，人们对时间精度的要求也越来越高。1955 年国际天文学联合会决定，自 1956 年起对直接观测的世界时做极移和季节性改正。

选择某个天体制定能实际应用于生产和生活的时间，其首要条件是周期运动的稳定性。也就是说，被选为制定时间的天体，其周日视运动的周期亦即一日的长短必须固定，否则就不能用作计量时间的单位。其次，所选天体的周日视运动周期亦即一日的长短，还必须与昼夜交替一直保持固定的协调关系，维护人们“日出而作，日入而息”的生活习惯。

视太阳日作为时间计量单位的缺陷是它的长短逐日不一致。太阳赤经日变化量最大为 66′.6，最小约为 53′.8，所以最长和最短的视太阳日相差约 51 s。作为时间计量单位，其长短必须固定。所以视太阳日不宜作为时间的计量单位。视太阳日虽然不宜作为时间的计量单位，但它与昼夜的交替关系固定，符合人们工作、休息的习惯。因此，人们又考虑在这个基础上制定一种与昼夜交替关系稳定、长短均匀的时间计量单位，则产生了平时。

假想一个太阳，在天赤道上向东做匀速的周年视运动，其速度等于视太阳在黄道上运行的平均速度，这个假想的太阳被称为“平太阳”。在周日视运动

中，平太阳连续两次经过某地子圈所经历的时间间隔称为1平太阳日。定义了平太阳日之后，则可定义平时。在周日视运动中，平太阳由某地子圈起，向西运行所经历的时间间隔称为地方平时。

区时

1884年，国际天文学家代表会议在平时的基础上提出了区时制的建议，确定在全世界统一标准时区，按时区计时，由此建立了区时制。时区中线的地方平时作为该时区的区时。区时通常要注明区号和日期。

如图1-17所示，全球按经度分成24个时区，以格林0°经线为基准，向东、西各取经度7°30′，共计经度15°划为一个时区，称为零时区；0°经线是该时区的中央经度线，又称时区中线。

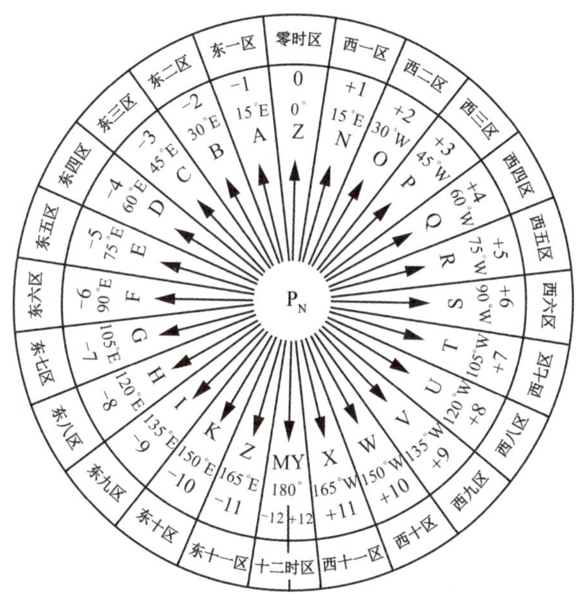

图1-17 时区图

从零时区东、西边界开始向东、向西每隔经度15°划分为一个时区，依次为东一时区、东二时区……直到十二时区；同样，西时区也是从西一时区到十二时区。十二时区被180°经线分成两半，每半各包括经度7.5°，分别称为东十二时区和西十二时区，所以航海上往往又将全球划分为25个时区。

相邻两时区中线经度相差15°。零时区中线经度为0°，东一时区中线经度为15°E，东二时区中线经度为30°E，以此类推。同理，西一时区中线经度为15°W，西二时区中线经度为30°W，等等。180°经线是东、西十二时区共同的

时区中线。我国共跨过 5 个时区(东五区至东九区),但为方便,采用首都北京所在的东八区的区时——“北京时间”作为全国统一使用时间。

你知道吗

船钟指示的是船舶所在时区的区时。已知相邻两个时区的区时相差 1 h,所以船舶驶入相邻时区时,船钟应拨快或拨慢 1 h。比如,当一艘船舶从我国港口出发去日本(东九区),需拨快 1 h;反之,船舶向西航行进入相邻时区,应将船钟拨慢 1 h。

当船舶向东航行跨过日界线进入西半球后,船钟的时间不发生变化,但日期需减少 1 天;反之,船舶向西航行,跨过日界线进入东半球后,时间也不变,日期增加 1 天。

第二章 大海航行靠舵手

船舶在海上航行，辨清方向十分重要。船舶驾驶员驾驶船舶从一个转向点驶向下一个转向点，必须明确应驶的方向（即航向）。

方向是怎么确定的

在沿岸航行时，航海人主要依靠灯塔、山峰以及海岸线作为参照物。在远洋航行时，面对无边的大海，如果天气晴朗，可以依靠太阳和星体辨识方向；但遇到阴天或大雾，缺失了参照物，往往容易迷失方向。

所谓方向（Direction）是指空间的指向。航海上所指的方向是在测者地面真地平平面上的指向。什么是测者地面真地平平面？凡通过测者眼睛并与视点重力方向重合的直线都叫测者铅垂线；凡与测者铅垂线相垂直的平面是水准面，在航海上都叫作测者的地平平面。地平平面有无数个，其中通过地心的地平平面都叫作测者真地平平面或者天文地平平面；通过测者眼睛的地平平面叫作测者地面真地平平面。

还有一个平面，叫测者子午圈平面。什么是子午圈呢？任一通过地轴的平面都叫子午圈平面，子午圈平面与地球表面相交的截痕称为子午圈。通过测者的子午圈平面叫作测者子午圈平面。

如图 2-1 所示，测者站在 A 点，A′为测者的眼睛，AA′为测者眼高，通过测者眼睛 A′且与测者铅垂线 OA′垂直的平面为测者地面真地平平面；P_NQP_SQ' 为测者子午圈平面；过测者铅垂线 OA′且与测者子午圈平面相垂直的平面为

测者东西圈平面。

测者子午圈平面与测者地面真地平平面的交线 NS 称为南北线，其中靠近北极 P_N 一端的方向为正北方向，用“N”表示；相反的方向为正南方向，用“S”表示。测者东西圈平面与测者地面真地平平面的交线 EW 称为东西线，当测者面向正北方向时，右手所指方向为正东方向，用“E”表示；左手所指方向为正西方向，用“W”表示。东西南北是四个基本方向。

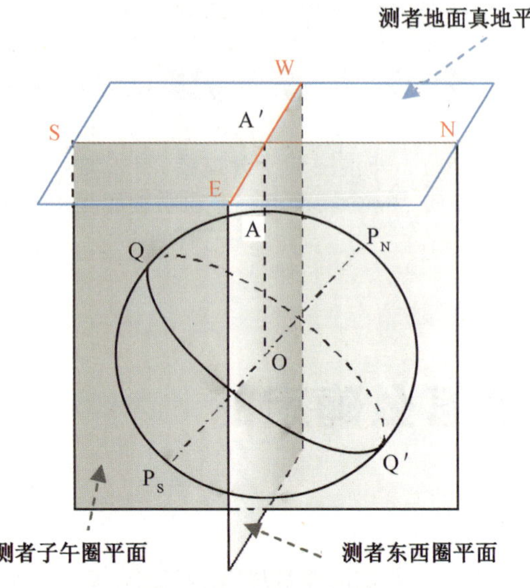

图 2-1　四个基本方向的确定

对于不同地点的测者来说，都各有其不同的铅垂线方向、不同的地面真地平平面和不同的方向基准。

方向怎么划分

在航海实际工作中，仅有四个基本方向是远远不够的，还需要在这四个基本方向的基础上，通过不同的方法做更详细的划分。航海上划分方向的方法有三种，包括圆周法、半圆法和罗经点法。

圆周法

圆周法(Circular Notation)是航海上表示方向的最常用的一种方法。它是从正北开始,按顺时针方向度量,度量范围000°~360°,其中正北方向为000°,正东方向为090°,正南方向为180°,正西方向为270°。在书写圆周法方向时要用三位数字表示,如030°、097°等,如图2-2所示,N_T表示正北。

半圆法

天文学常用半圆法(Semi-circular Notation)来表示天体的方向。将测者地面真地平平面分成2个180°的半圆,以正北N_T或正南S_T为0°,向东或向西度量,度量范围0°~180°,如图2-3所示。半圆法除了用度数表示大小外,还在度数后面用2个字母标明方向的起算点和度量方向,其中第一字母表示该方向是从正北点还是正南点起算;第二字母表示方向起算后是向东还是向西度量。如110°SW,表示该方向是以正南点起算,向西度量110°,换算成圆周法为180°+110°=290°。

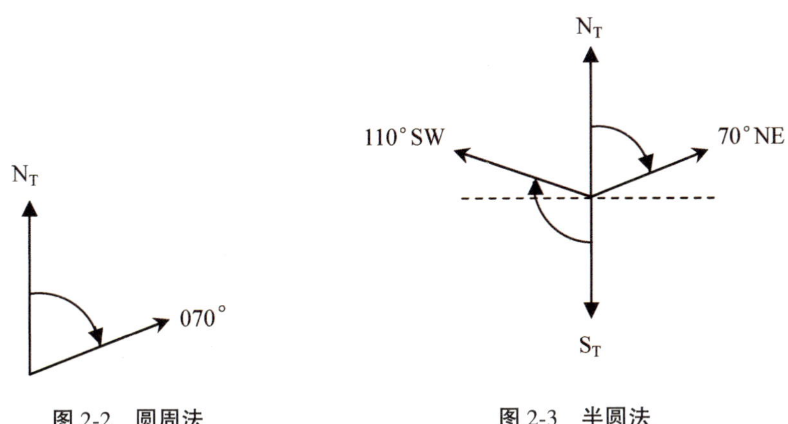

图2-2　圆周法　　图2-3　半圆法

罗经点法

把测者地面真地平平面分成32个方向的方法叫罗经点法(Compass-point Notation)。如图2-4所示的罗经面板,在罗经面板上列出了32个方向(又称32个罗经点),在粗略表示方向时,可以用这种方法。如在表示风向的时候,天气预报的“北风”是大概方向,风向每时每刻都在变化着。每个罗经点(每两个方向的间隔)为11.25°。

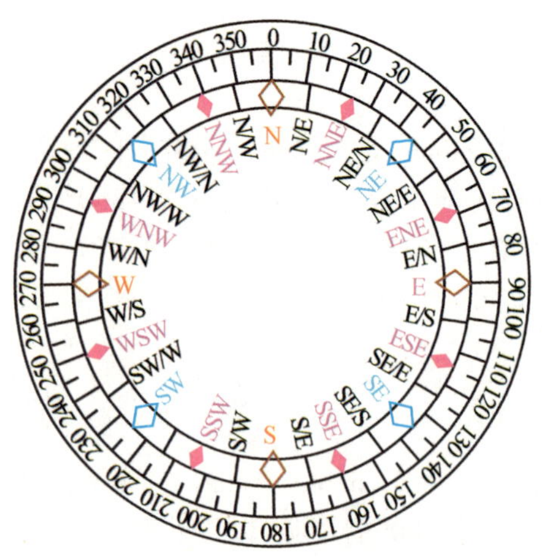

图 2-4　罗经点方向

32 个点由 4 个基点(N、E、S、W)、4 个隅点(NE、SE、NW、SW)、8 个三字点(NNE、ENE、ESE、SSE、SSW、WSW、WNW、NNW)和 16 个偏点(N/E、NE/N、NE/E…)组成,所有点均冠有方向名称。

航向和方位

航海上经常遇到的两种方向是船舶航行方向(航向,Course)和物标方向(方位,Bearing)。

航向

航向是船舶航行的方向。当船正浮时,通过船舶铅垂线的纵剖面是船的艏艉面。艏艉面与地面真地平平面相交的直线称为艏艉线,艏艉线向船首方向的延长线称为航向线(Course Line),缩写为 CL,如图 2-5 所示。

在任何情况下,船舶某一瞬间的船首方向称为船首向(Heading)。

真航向是从真北起算顺时针度量到航向线的角度,度量范围 000°~360°,用 *TC* 表示。

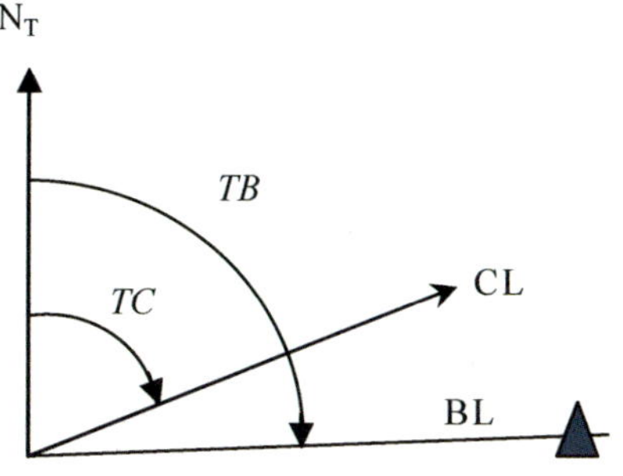

图 2-5 真航向和真方位

方位

在测者地面真地平平面上,测者与物标(▲)的连线称为物标方位线 BL(Bearing Line)。

真方位是从真北起算顺时针度量到物标方位线的角度,度量范围 000°~360°,用 *TB* 表示。

以航向线为基准,从航向线到物标方位线的夹角称为舷角或相对方位(Relative Bearing),用 Q 表示。舷角的度量方法有两种:一种是从船首线开始,按顺时针方向由 0°~360°度量到物标方位线,称之为圆周法舷角,简称舷角;另一种是从船首线开始,向左或向右由 0°~180°度量到物标方位线,称之为半圆法舷角,向左度量的称为左舷角 $Q_{左}$,向右度量称为右舷角 $Q_{右}$,如图 2-6 所示。

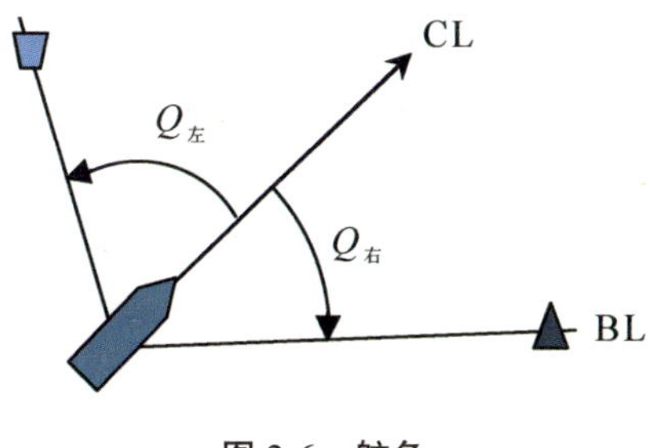

图 2-6 舷角

测量方向的仪器

船舶上测定航向和方位的仪器是罗经(Compass)。目前船上配备的罗经包括磁罗经和陀螺罗经。

磁罗经

公元前475—前221年,此时的中国处在战国时期,指南针的发明以及在船上的应用,使航海技术得到了重大突破。

磁罗经是由我国古代四大发明之一(指南针)演变发展而来的,是根据在水平面内自由旋转的磁针,受到地磁磁力的作用后,能稳定指示地磁磁北方向的特性而制成的。如图2-7所示,为船上常用的磁罗经外形。

图2-7 磁罗经

磁罗经刻度盘0°所指的方向并不一定是真北方向 N_T,可能存在一定的偏差,叫罗经差ΔC。

磁罗经所指示的航向称为罗航向。真航向、罗航向和罗经差之间的关系如下:

$$TC = CC + \Delta C$$

罗经差包括磁差和自差。地球是一个磁体,地磁是包绕在地球周围的天然磁场。将磁罗经放置在某木质船上,只受地磁影响,磁罗经0°所指的方向是地球磁北方向 N_M,与真北方向的夹角称为磁差 Var(Variation);如果将磁罗

经放置于钢质船舶上，磁罗经除了受地磁作用外，还受到船上钢铁在地磁磁场中磁化后形成的磁场的影响，使磁罗经 0°所指的方向从磁北偏开，指向各种磁场的合力方向上，这时磁罗经刻度盘上 0°所指的北是罗北 N_C。罗北偏离磁北的角度，称为自差 *Dev*（Deviation）。

$$\Delta C = Var + Dev$$

由于磁差受时间、地点、地磁异常和磁暴等因素的影响，磁罗经在使用时必须进行误差修正，误差修正比较复杂，需由有资质的罗经校验师对磁罗经进行校验。随着纬度的升高，磁差变大，在高纬度地区，磁罗经无法正常使用；同时，磁罗经易受附近铁磁物质的影响，所以通常将磁罗经放置在驾驶台顶部露天甲板上，因此该甲板称为“罗经甲板”。

磁罗经具有构造简单、不依赖于电源、不易损坏和价格低廉等优点，至今仍然是不可缺少的航海仪器之一。

陀螺罗经

1908 年，德国工程师安许茨设计出了首台基于陀螺技术的船用陀螺罗经。陀螺罗经是根据高速旋转的陀螺仪，在受到适当的阻尼力作用后，能迫使其旋转轴保持在其子午圈平面内的原理而制成的。陀螺罗经需要供电，所以也称为电罗经。陀螺罗经如图 2-8 所示。

图 2-8　陀螺罗经

陀螺罗经刻度盘 0°所指的方向也不一定是真北方向，可能存在一定的偏差，叫陀罗差 ΔG，通常在 2°以下。

陀螺罗经所指示的航向称为陀罗航向 *GC*。真航向、陀罗航向和陀罗差之间的关系如下：

$$TC = GC + \Delta G$$

相比于磁罗经，陀螺罗经精度更高，不受地磁和附近铁磁物质的影响，在高纬度地区仍然可以使用，并且船上的自动舵系统必须以陀螺罗经为核心。

陀螺罗经也存在不足，主要体现在启动时间长、维护成本高、存在摇摆和冲击误差、体积大、功耗大、噪声大和安装不便等方面。

光纤陀螺罗经

20 世纪 70 年代伴随着光纤通信技术的发展，光纤传感技术也迅速发展起来。该技术是以光波为载体、光纤为媒质，感应和传输外界被测量信号的新型传感技术。光纤陀螺技术是光纤传感技术的一个特例，是利用光学传输特性而非转动部件来感应角速率和角偏差的惯性传感技术。

光纤陀螺罗经（Fiber Optic Gyro Compass）从一开始就不同于传统只提供航向的船用陀螺罗经，而是三维航行姿态测量设备，如图 2-9 所示。

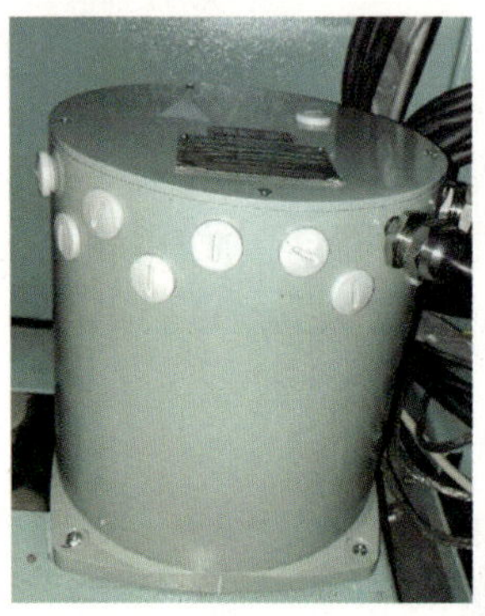

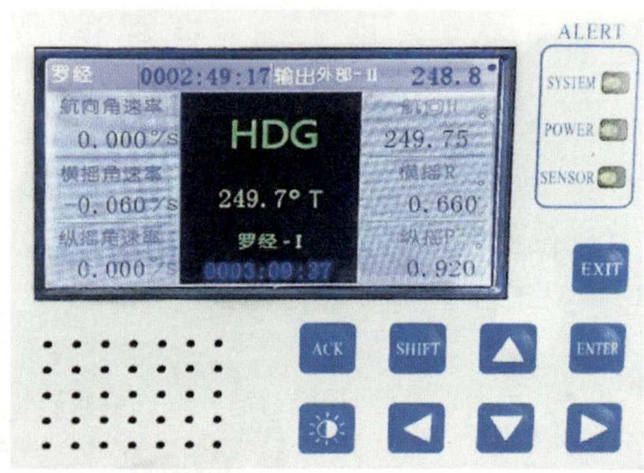

图 2-9　光纤陀螺罗经

与传统的机械陀螺罗经相比，光纤陀螺罗经具有启动时间短、航向精度高和可提供三轴姿态等优点，尤其适用于高速、机动性大的航海导航和姿态控制需求。由于采用全固态无运动部件的设计，光纤陀螺罗经可靠性高并且服务期间无需维修。

可以预见，随着光学技术、电子技术的发展，船用光纤陀螺罗经将逐步替代机械陀螺罗经，而成为造船市场的主流选择。

你知道吗

根据地磁磁场的变化规律，磁差变化与地区、时间、地磁异常和磁暴等因素有关。

在纬度低的地区，磁差较小；在靠近磁极的地区，磁差变化显著，最大可达180°，无法使用。

地磁磁极的位置按椭圆轨迹绕地极做缓慢运动，因此磁差每年可能有0°~0.2°的变化。

在沿海个别地区，可能由于地下存在着磁性矿物的影响，该地区的磁差与附近的磁差有明显的差异，称为“地磁异常”。

磁差的偶然和罕见的波动称为“磁暴”，主要与太阳黑子的爆发有关。

第三章 船在海上能跑多快

船在海上航行，速度快吗？和陆地行驶的汽车相比，船的速度无疑还是很慢的，因为船的体积比汽车大多了，所需动力也很大。要了解船的速度，就需知道海上常用的距离单位、船靠什么动力推进等知识。

海里是什么

海上确定距离是非常困难的，经过一代又一代科学家的努力，在使用多种技术确定船舶位置和速度多年后，英国数学家埃德蒙·冈特(Edmund Gunter)认为纬度线可以作为距离测量单位。冈特提出海里是一个纬度的六十分之一，这也是现代航海对海里的定义。

海里(Nautical Mile，简称 n mile)是什么呢？航海上最常用的单位是海里，海里比千米大，约等于 1.852 km。传统上定义，海里是围绕地球一圈的一角分，如图 3-1 所示。

海里的学术定义是地球椭圆子午线上纬度 1′所对应的弧长。由于地球子午圈是一个椭圆，它在不同纬度的曲率是不同的，所以，纬度 1′所对应的弧长也是不相等的。

$$1\ \text{n mile} = 1\ 852.25 - 9.31\cos 2\varphi$$

φ 表示纬度。我国和世界上大多数国家均采用 1929 年国际水文地理学会议推荐的 1 n mile = 1 852 m。

1 n mile 的长度在赤道上最短，为 1 842.94 m；在两极最长，为 1 861.56 m；在纬度 44°14′处，约为 1 852 m。

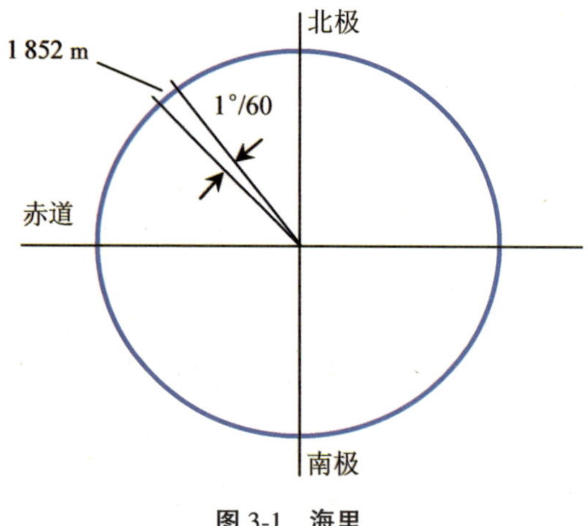

图 3-1　海里

你知道吗

1929 年，在摩纳哥举行的国际水文地理学会议定义了 1 n mile 为 1 852 m。在此之前，不同国家对 1 n mile 的定义稍有不同，如英国的 1 n mile 为 6 080 ft，相当于 1 853.184 m；美国的 1 n mile 为 6 080.2 ft，相当于 1 853.249 m。

螺旋桨

船舶能在水面上前进或后退，必须有动力及推进器。动力来源于机舱的主机，推进器就是螺旋桨(Propeller)。主机转动，通过主轴带动船尾的螺旋桨转动，将主机产生的动力转换成推进力，使船舶前进或后退。

明轮

舟筏时代的推进器是人的手、桨、橹和撑杆等，帆船时代的推进器是帆，后来人们发明了明轮。明轮是指在船的两侧安装的轮子，由于轮子的一部分露

出水面，所以这种推进器被称为“明轮”。人类在发明蒸汽机之前，依靠人力踩踏明轮带动叶片拨水来推进船舶；近代发明了蒸汽机以后，就用蒸汽机带动明轮，使桨轮带动叶片拨水来推进船舶。由于蒸汽机船上装有明轮，于是把这种装有蒸汽机带动明轮来推进的船舶称为“轮船”。图3-2所示为英国“阿斯科特”号扫雷舰的模型，“阿斯科特”号是一艘蒸汽明轮船。

图3-2 “阿斯科特”号扫雷舰模型

螺旋桨

明轮推进器与桨、橹等推进工具相比，前进了一大步，但是，它结构笨重、效率低，后来被螺旋桨所代替。

船舶依靠主机带动螺旋桨转动并利用螺旋桨推水的反作用力而前进，因此，主机转数与船速之间肯定存在某种关系，即主机转数越大，反作用力越大，船速则越快，反之亦然。

理论上螺旋桨在固体中每旋转一周所推进的距离，称为螺距P。由于螺旋桨在水中转动，水有黏性和阻力，船舶实际被推进的距离要小于螺距。船舶按螺旋桨旋转一周前进一个螺距的理论航程与船舶实际前进距离之差称为滑失，如图3-3所示，滑失与螺距之比的百分率称为滑失比。

由于风的影响无法使螺旋桨转数增加或减少，故用主机转数所求船速和航程是仅对水而言的，它无法反映风流的影响。滑失不是一个固定不变的数，它与风流影响、吃水和吃水差不同、船底附着物的多少以及船型、水深和船速有关。

按安装结构分类，目前商船常见的螺旋桨分为固定螺距螺旋桨（Fixed Pitch Propeller，简称FPP）和可调螺距螺旋桨（Controllable Pitch Propeller，简称CPP）。

固定螺距螺旋桨，顾名思义，就是桨毂和桨叶铸成一体，桨叶安装角度固定，螺距固定的一种螺旋桨，如图3-4所示。船舶航速的改变是通过主机转数

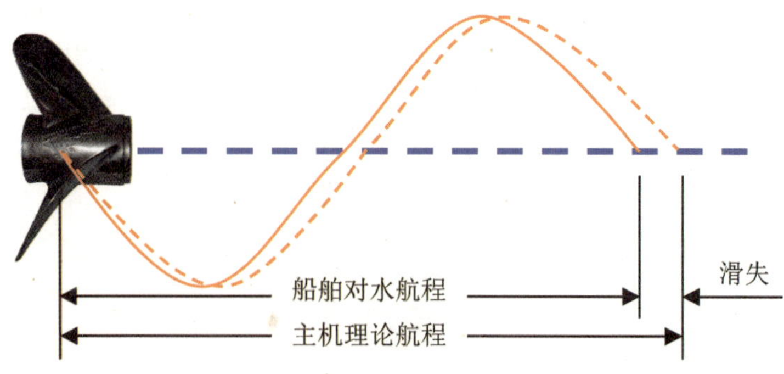

图 3-3 螺旋桨滑失

的改变来实现的；当船舶后退时，螺旋桨必须反转，可以通过反转离合器，或者主机的转动方向来实现。

图 3-4 固定螺距螺旋桨

固定螺距螺旋桨具有坚固、不易受损以及节能等优点，适用于大型船舶。

可调螺距螺旋桨，又称“调距桨”，桨叶并没有直接固定在桨毂上，而是围绕着垂直于桨轴的轴线转动，通过桨毂内的机构改变螺距角度，从而改变推进功率的大小和方向，如图 3-5 所示。

可调螺距螺旋桨可以充分利用主机的全部功率，驾驶员直接在驾驶台远距离操纵螺旋桨，使船舶的操纵性得到明显的改善。但可调螺距螺旋桨结构复杂，维护保养成本高，造价也高，适用于对操纵要求高的船舶，比如扫雷艇、拖船、渡轮等。

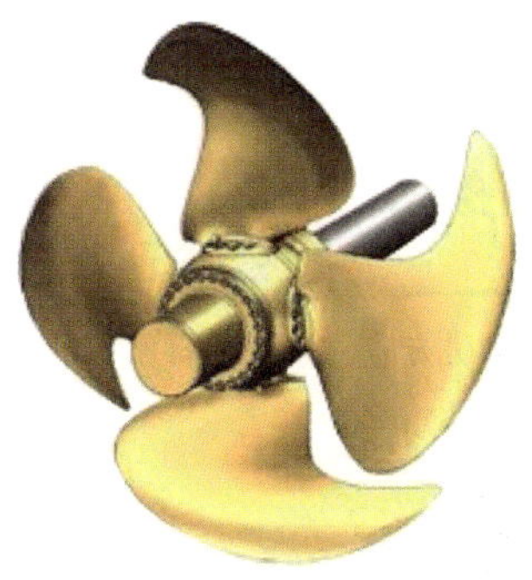

图 3-5 可调螺距螺旋桨

你知道吗

用于制造船用螺旋桨的材料必须是耐腐蚀材料，比如铝和不锈钢的合金，或者镍、铝和青铜的合金，它们比其他材料轻，强度更高。

船速是什么速度

航海上，船速(Ship Speed)一般是指船舶在无风流情况下的航行速度，是船舶固有的性能。新建造或坞修后的船舶都需要在船速校验线上进行船速的实际测定，这样测出的船速是船舶在无风流情况下的航行速度。船速的单位为节(Knot，简称 kn)。1 kn=1 n mile/h。

“节”的由来

“Knot”一词可以追溯到 17 世纪，水手们使用一种称为普通圆木的装置来测量船的速度。普通圆木是一种装置，由一块楔形木块和一卷绳子组成，绳子上的绳结间距均匀。在航行过程中，系着绳索的木块从船的后部抛下后可以漂浮一段时间。过了一段时间，缆绳被拉了上来，水手们习惯于计算船与木头之间绳子上的节数，以测量船的速度。水手们根据全天频繁测量的平均值得出船的航行速度，如图 3-6 所示。

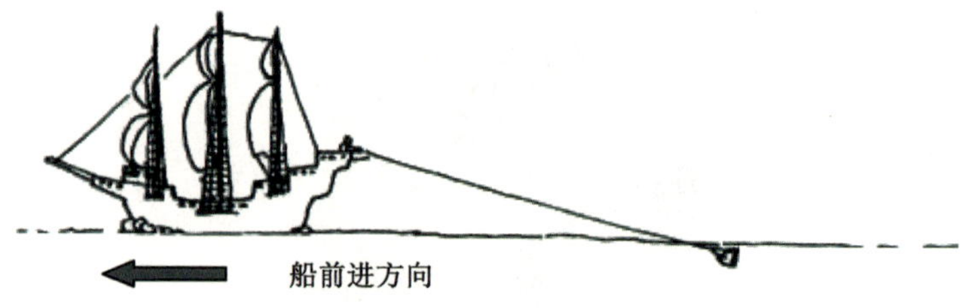

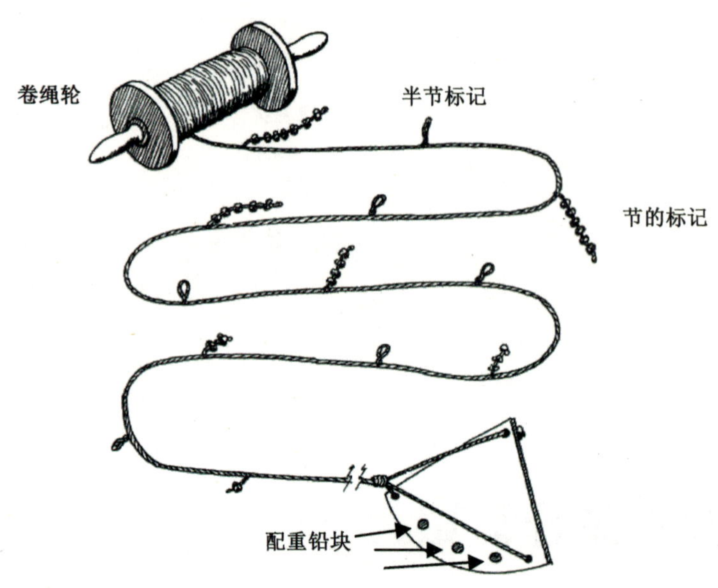

图 3-6　绳结计速

耗油量与航速的关系

商船的船速差异较大，通常杂货船、散货船和油船为 10~15 kn，集装箱船为 15~28 kn，LNG 船和冷藏船为 18~20 kn。以集装箱船为例，最快的集装箱船的船速可达 28 kn，约为 52 km/h，相比于陆地上的汽车还是很慢的。

为什么商船的船速设计得这么慢呢？可不可以提高船速？

船舶航行单位时间耗油量 Q 与船舶排水量 D 和航速 v 的关系如下式：

$$Q = D^{2/3} \cdot v^3$$

船舶航行耗油量 F 与航速 v 和航程 S 的关系如下式：

$$F = v^2 \cdot S$$

事实上，船速是可以提高的。船舶设计时，可以将主机功率加大，也就是“大牛拉小车”的方式。但是，如果主机功率加大，则航速加大，耗油量也会加

大。从上面两式可以看出,无论是船舶航行单位时间耗油量,还是船舶航行耗油量,都与航速的关系密切。比如,航速 10 kn,排水量 10 000 t,每天耗油量为 15 t,如果航速提高 1 kn,则每天耗油量将增加 33%;再比如,某段航程 1 000 n mile,航速 10 kn 时总耗油量为 60 t,如果航速提高 1 kn,则整个航程耗油量将提高 21%。

航速提高,耗油量将大大增加,航次燃油开支也将大幅提高,尤其是在原油比较贵的行情下,有可能超过运费收入。因此,船舶设计者必须考虑最佳的造船经济模式。通常来说,集装箱船和滚装船的设计航速比较高,为 20~28 kn,因为集装箱船和滚装船所载货物价值较高,时效性强,需要承运人尽快将货物运输至目的港;散杂货船、油船等船舶所载货物价值低,时效性不强,因此航速一般在 15 kn 左右。

航速和航程

航速在航行中只能作为参考,航行中船舶是用相对计程仪测定航速的,它所指示的速度是已包含风影响的航行速度,即对水航速(Speed Through Water,简称 STW)。

船舶在风流影响下相对于海底的航行速度称为对地航速,也叫实际航速(Speed Over Ground,简称 SOG)。

对水航速和实际航速(或对地航速)之间的相互关系为:

实际航速 = 对水航速 + 流速

顺流航行,船舶实际航程(实际航速)等于对水航程(对水航速)与流程(流速)之和;顶流航行,船舶实际航程(实际航速)等于对水航程(对水航速)与流程(流速)之差。

航程是船舶航行经过的距离,航海上一般采用海里作为航程的单位。在有流影响的海区航行时,船舶相对于水的航程,称为对水航程;相对于海底的航程,称为实际航程或对地航程。船舶相对于海底的实际航程,应该是船舶对水航程和水流流程的矢量和,即:

实际航程 = 对水航程 + 流程

你知道吗

相对计程仪显示船舶相对于水的航速和航程,只记录风影响后的航速和航程,无法显示水流影响后的航速和航程,因此,称相对计程仪是“计风不计流”的计程仪。

开船需要挂挡吗

行驶中的汽车通过挂挡和油门来控制速度，挂挡的方式包括手动挡和自动挡。那么，开船需要挂挡吗？

船舶车钟（Telegraph）是驾驶台与机舱联系的纽带，如图 3-7 所示。通过车钟，驾驶台人员通知机舱船舶拟使用进车或倒车以及航速。

蒸汽机作为船舶动力的年代，驾驶台与机舱通过直筒式的传声筒联系，驾驶人员对着喇叭口先急促摇铃，传声筒铃响，轮机员接听传声筒；然后驾驶人员对着传声筒呼叫，下达车令。这样的传达方式容易出现误解，后来造船的工程师发明了驾驶台与机舱联动的装置，那就是车钟。驾驶人员在需要改变航速时，将驾驶台的车钟操纵手柄扳至相应的位置，机舱的车钟指针就同步驾驶台指令；轮机员收到该指令后，将机舱车钟手柄扳至对应的指针位置，其意思表明机舱已确认。接着，轮机员对主机进行相应的操作，以达到驾驶人员对船舶航速的要求。

图 3-7　车钟

现代化的船舶已经可以做到在驾驶台对主机进行遥控，简称“驾控”。对于安装固定螺距螺旋桨的船舶，车钟直接连接主机控制部件，从而调整主机转速，改变航速；对于安装可调螺距螺旋桨的船舶，车钟直接连接螺旋桨螺距调节部件，从而调整螺距，改变航速。

一艘单车船，设计航速为 15 kn，车钟令如表 3-1 所示。

表 3-1 车钟令

中文口令		英文口令
备车		Stand by Engine
前进	停车	Stop Engine
	微速前进(3 kn)	Dead Slow Ahead
	前进一(5 kn)	Slow Ahead
	前进二(8 kn)	Half Ahead
	前进三(12 kn)	Full Ahead
后退	微速后退(3 kn)	Dead Slow Astern
	后退一(4 kn)	Slow Astern
	后退二(6 kn)	Half Astern
	后退三(9 kn)	Full Astern
海速(15 kn)		Sea Speed
完车		Finish with Engine

你知道吗

中国上海港至加拿大温哥华港的航程大约为 5 000 n mile。对一艘航速为 15 kn 的船舶而言，需要连续航行半个月左右才能到达。

第四章 海图与航海出版物

船舶在大海上航行，与汽车在公路上行驶有很大的不同。除了沿岸、港口或狭水道设立助航标志指示航道外，只要水深足够，无其他限制时，船舶就可以根据自行设计的航线航行。船舶定位和航线设计都需要在海图(Chart)上进行。

海图发展史

第一张海图

最早的世界地图“古巴比伦地图”是一幅巴掌大的泥板世界地图，成图于公元前 7 世纪左右，是首幅以海水环绕世界的海洋地图，如图 4-1 所示。该地图反映了古巴比伦人的世界观和对世界的想象：世界是平的，而古巴比伦则位于世界的中央，幼发拉底河与底格里斯河两条大河从中心穿过，流入象牙形的波斯湾，世界周边被“苦水”环绕成一个圆。

在 13 世纪中叶，水手们开始意识到地图是有用的，并开始详细记录他们的航行。于是，第一张海图诞生了，如图 4-2 所示。这些最初的海图并不是十分准确，但被认为是有价值的，并且经常对其他水手保密。海图上没有标明纬度或经度，但在主要港口之间有一个罗盘玫瑰，指示航行方向。

图 4-1　公元前 7 世纪左右的古巴比伦世界地图

图 4-2　史上第一张海图

中国古代航海图

600 多年前，郑和和他的船队七下西洋，足迹最远到达非洲东海岸。郑和的航海得益于他的航海图，并且这些航海图被保存了下来。《郑和航海图》是郑和下西洋的伟大航海成就之一，是以郑和船队的远航时间为依据，经过加工整理而绘制的。这是中国最早的海图，也是世界上现存最早的航海图籍，如图 4-3 所示。

《郑和航海图》标绘了各国方位、航道远近及航行方向，停泊地点、礁石和浅滩的位置等重要信息。图中还标有牵星数据，附有过洋牵星图，用以测天定位。英国著名科学家李约瑟认为“它是世界上最早的一幅真正科学的海图”。

《郑和航海图》与同时期西方最具代表性的波特兰海图相比，制图范围广，内容丰富，虽然数学精度较低，但实用性胜过波特兰海图。

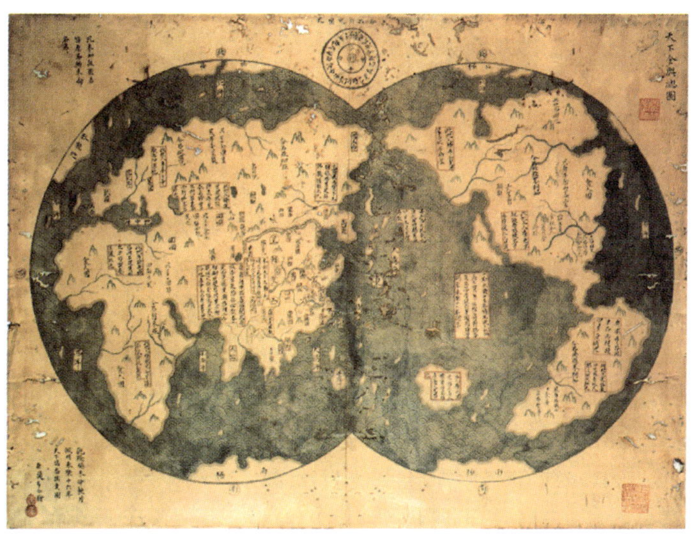

图 4-3 《郑和航海图》

你知道吗

《郑和航海图》包含 20 页航海地图、109 条航线，以及 2 页 4 幅过洋牵星图。其中的航海地图高 20. 3 cm，全长 560 cm，包含 500 多个地名。

海图的作用

海图是以海洋及其毗邻的陆地为描述对象的地图,是为航海需要而专门绘制的一种地图。

海图将地球表面一部分描绘在平面上,能够显示水深、海岸线、地貌、助航标志和其他航海所需要的信息。

传统的海图是纸质海图,将信息印刷在纸上。

海图是航海的重要工具之一。海图的作用主要包括拟定计划航线、制订航行计划、船舶定位、总结航行经验以及发生海难事故后判定事故责任等。

在选用海图时,其原则是选用现行版、最大比例尺的海图。这样可保证所选用的海图是最新版本,同时最大比例尺的海图也保证了精确度。

墨卡托海图

船舶航行中,设计航线、绘算航迹、测定船位、航次总结和发生海难事故后进行调查等,都需要航用海图。为了使用方便,航用海图必须具备以下两个条件:一是图上的恒向线是直线;二是投影性质是等角的。

在航用海图上绘画恒向线航线和物标方位线的目的是利用一目了然的图解方法来确定船舶的运动情况。因此,为了使航用海图能适应于船舶驾驶应用的目的,必须使经过投影后的航用海图上所画的恒向线和物标方位线成为直线,所以要求恒向线在航用海图上是直线。

所谓等角投影,又称为正形投影,在这种投影图上,无限小的局部图像与地面上相对应的地形保持相似。比如,在等角投影中,地面上一个微分圆投影到地图上仍能保持是一个圆,只是大小发生变化。地面上某地的一个角度投影到地图上后仍能保持其角度的大小不变。对于等角投影性质的海图,就可以根据求得的真航向或真方位的度数,直接在航用海图上画出航向线和方位线。与此相同,地面上的其他元素如岸形、物标等,应与投影在航用海图上的图像呈正形关系,因此要求航用海图投影必须是等角投影。

1569 年,荷兰制图学家格拉德 · 克雷默尔创造了能够满足航用海图两个必备条件的投影方法,因为他的拉丁名字是墨卡托,故以后用这种投影方法制成的海图叫墨卡托投影海图,简称墨卡托海图(Mercator Chart)。由于国际航

道组织原则上决定航用海图应采用墨卡托投影,所以用墨卡托投影制成的海图占全部航用海图的95%以上。

墨卡托投影性质是等角正圆柱投影,它将地球放入一个假想的与地球直径相等的圆柱内,使地球的赤道与圆柱相切,地轴与圆柱的中轴相重合,将投射点置于地心,如图4-4所示。墨卡托投影是如何满足航用海图两个必备条件的呢?

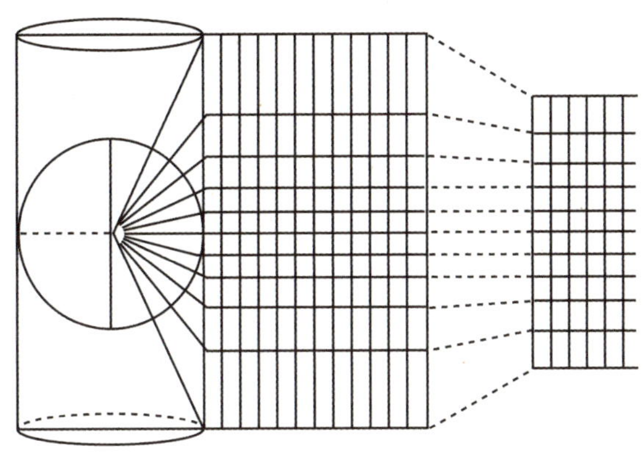

图4-4 墨卡托投影

地面上的经纬线均投影到圆柱面上后,沿着圆柱面上某一条母线剪开后展平,则所有经线相互平行,且经线与纬线相互垂直,这样就满足了恒向线是直线的要求。此外,墨卡托投影采用数学方法来满足等角投影的条件。众所周知,地球表面是一个不可展的曲面,且所有经线都相交于极点。但在正圆柱投影中,所有经线相互平行且间距相等,这样除赤道外,其他所有纬线发生了不同程度的拉长变形,且纬度越高,拉长越大。为了满足墨卡托海图等角投影的要求,相应的经线也应随着纬线的拉长而拉长,且拉长的幅度应相等,这样就保证了等角的性质。

墨卡托投影图的特点是经线相互平行且间距相等,纬线相互平行,间距随纬度的升高而变长(纬度渐长)。在墨卡托海图上,航海人员可以根据测得的航向和方位,直接用直尺画出恒向线航线和物标方位线。

由墨卡托投影的原理可以看出,在墨卡托海图上1′经度的长度是相等的、不变的,而图上的1′纬度的长度是不相等的,它们随纬度的升高而逐渐变长。因此,在墨卡托海图上量取距离时,应该在对应的纬度图尺上量取。如图4-5所示,拟测量两灯标间的距离,先用分规卡住这两个灯标,移到对应的纬度尺,可得距离为3.4′,即3.4 n mile。

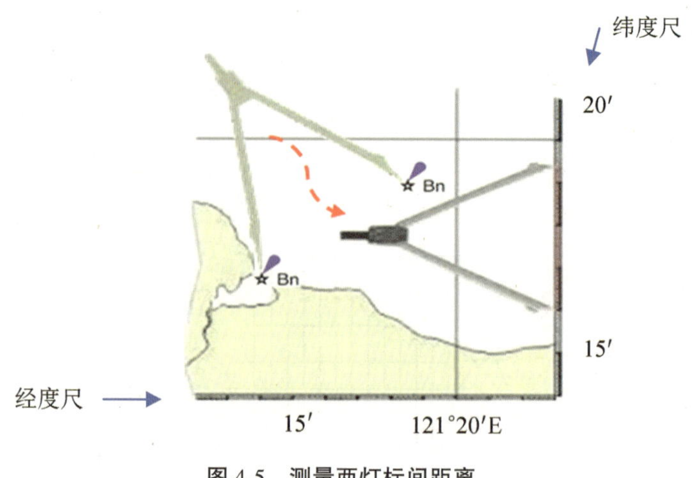

图 4-5　测量两灯标间距离

高斯投影海图

由于墨卡托投影纬度越高变形越大,所以墨卡托海图不适用于高纬度地区。另外,墨卡托海图具有纬度渐长的特性,图上 1′纬度的长度随纬度的变化而变化,纬度越高,图上 1′纬度的长度越长,但它所代表的距离均为 1 n mile。

在高纬度地区,墨卡托海图变形大,误差也大。在极区,通常使用高斯投影图(等角横圆柱投影)。高斯投影的投射点也在球心,但要保持地球椭圆体的地轴与圆柱轴线垂直,如图 4-6 所示,将圆柱展开后得到纬线和子午线,除了赤道和轴子午线是垂直相交的直线外,其他的纬线和子午线都是曲线。为方便使用,图中设置了垂直相交的公里线。

你知道吗

大圆海图是根据心射投影原理绘制而成的,具有所有大圆弧在图上均绘成直线的特点,供设计大圆航线时求航线分点的经、纬度使用。如果不做特殊处理,无法在大圆海图上直接量取航向和航程。

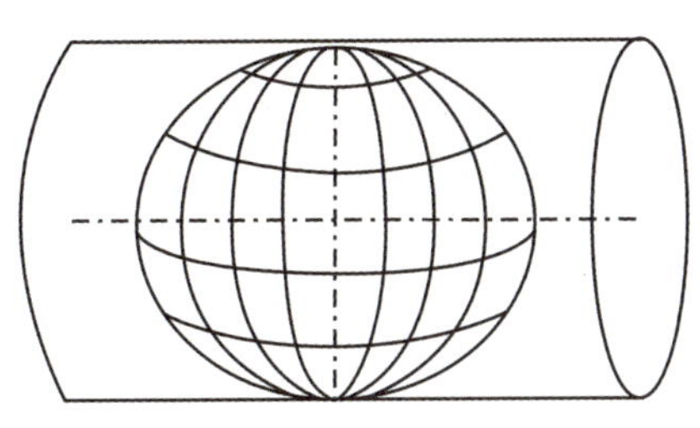

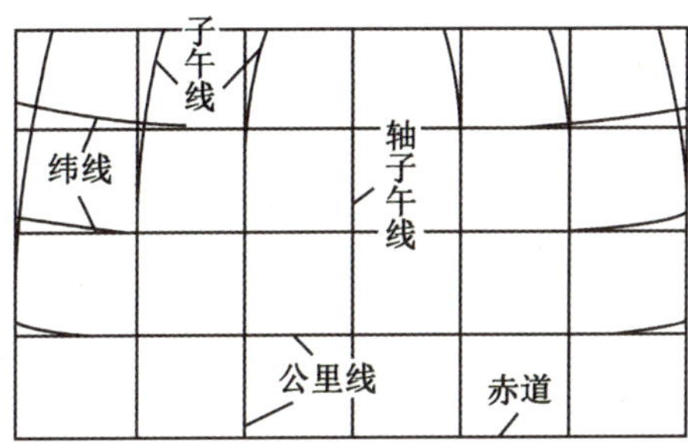

图 4-6　高斯投影

神奇的电子海图

用数字形式以描述海域地理信息和航海信息为主的海图即为电子海图。随着科技的发展，电子海图替代纸质海图成为趋势。图 4-7 为某电子海图显示界面。

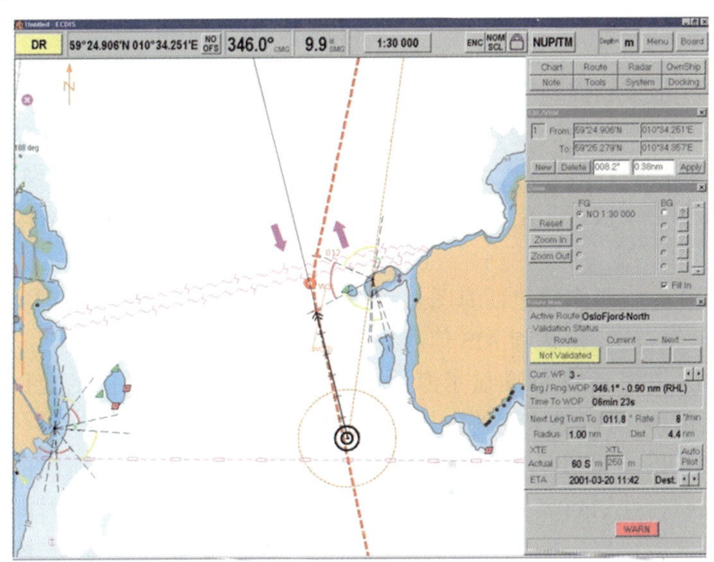

图 4-7　电子海图显示界面

按数据制作方法分类，电子海图包括光栅电子海图（Raster Chart）和矢量电子海图（Vector Chart）。

光栅电子海图由纸质海图一次性扫描而成，以像素点的排列反映海图中

的要素,不能选择性地查询和显示数据。光栅电子海图是电子海图的初期产品,目前已经不再使用。

矢量电子海图中每个要素以点、线、面等几何图元的形式储存在电子海图数据文件中,使用者可以选择性查询、显示和使用数据。矢量电子海图与其他船舶系统相结合提供诸如警戒区、危险区的自动报警等功能。

符合国际海事组织、国际海道测量组织和国际电工委员会各项标准的电子海图称为电子海图显示与信息系统(Electronic Chart Display and Information System,简称 ECDIS)。

现行的关于 ECDIS 的国际标准主要有 5 个,如表 4-1 所示。

表 4-1 ECDIS 的国际标准

标准	内容	解释	机构
S-52	海图内容和显示规范(内容和显示性能)	包括颜色、符号、样式、线型等	国际海道测量组织
S-57	数据传输标准	数据传输	国际海道测量组织
S-63	电子海图数据保护方案	数据保护	国际海道测量组织
S-64	电子海图测试数据	数据测试	国际海道测量组织
IEC 61174	硬件设备性能和测试	硬件	国际电工委员会

ECDIS 是集软件、硬件、海图信息数据库、更新信息数据库为一体的综合导航设备,由硬件和软件两大部分构成。GPS、自动识别系统(AIS)、罗经、计程仪、雷达等信号可以接入 ECDIS,从而实现综合导航。ECDIS 的输出部分包括航行数据记录仪(VDR)、存储设备和打印机等。ECDIS 基本结构如图 4-8 所示。

ECDIS 的主要作用包括海图显示、航线设计、海图作业与改正、定位与导航、航海信息咨询、雷达和 AIS 信息处理、航路监视和航行记录等。

ECDIS 依据 S-52 标准显示海图内容,可以改变电子海图的比例尺;分层显示海图信息,可以隐去在特定航行条件下不需要的信息。

在 ECDIS 上可以手工绘制和修改计划航线,并自动检查航线的有效性,自动生成航行计划列表,包括每段航线的计划航向、航程、航行时间等内容。汽车导航仪能根据出发地和目的地,结合其他条件(如高速优先、距离最短、时间最短等)自动规划行车路径,但 ECDIS 目前还无法自动设计航线,因为水上航路的规划非常复杂。不过,随着科技的发展,相信在未来不会太长的时间内,ECDIS 就能自动设计航线。

ECDIS 能够接受由官方提供的正式改正数据以及由航海人员从纸质航海

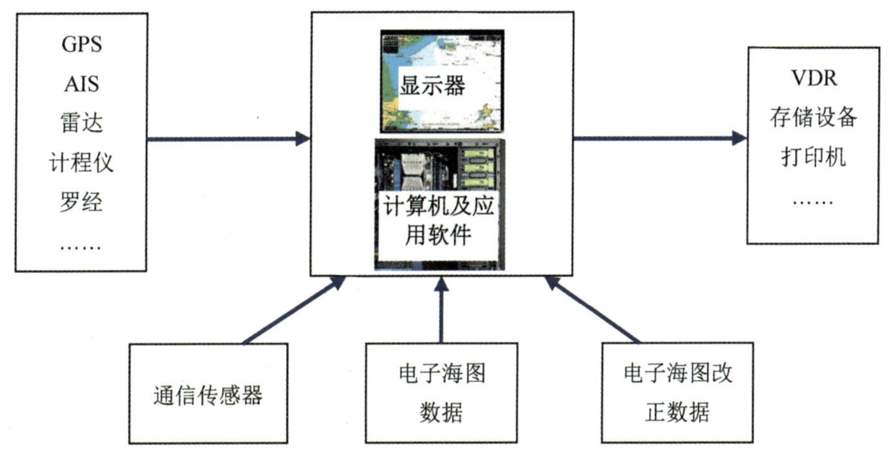

图 4-8 ECDIS 基本结构

通告或者无线电航行警告中提取的改正数据，实现海图的自动和手动改正；能够同卫星定位仪、计程仪、陀螺罗经、测深仪、气象仪等设备连接，接收来自这些传感器的信息，并进行综合处理。ECDIS 可以实现实时定位，使航行变得更直观、更有效。

船舶航行过程中，ECDIS 能够自动计算船舶偏离计划航线的距离，必要时给出警示和报警，实现航迹保持；同时，ECDIS 能够自动检测航路前方的暗礁、浅滩等，实现自动避礁，防止搁浅。

ECDIS 自动记录船舶航行过程中所使用的海图的详细信息以及航行要素，实现类似“黑匣子”的功能，便于事故后的调查和分析。

你知道吗

未来智能船舶的船舶导航系统是一种在自主环境感知和岸基支持下的智能综合导航系统，其包含的 ECDIS 将向移动化和多维化的显示模式发展，并叠加增强现实的可视化效果。

航海出版物

对于航海人员来说，未知水域总是充满神秘和不确定性，怎么能安全顺利地将船开到从未抵达过的港口呢？查阅航海图书资料成为航海人员必做的功课。航海出版物是制订航行计划和设计航线的重要参考资料。远洋船舶需配备的航海出版物主要包括《世界大洋航路》《航路设计图》《航路指南》《无线电信号表》《潮汐表》《灯标和雾号表》《航海图书总目录》《航海通告》和《进港指南》等。这些出版物可以是纸质形式，也可以是电子版。中版航海出版物在格式上和英版相差不大。

英版《世界大洋航路》

英版《世界大洋航路》（*Admiralty Ocean Passages for the World*）是英国海军水道测量局出版的介绍世界主要大洋航线的参考书。《世界大洋航路》可供拟定深海航线时参考。书中介绍了气象和其他影响航线拟定的因素以及经常被选用的大量航线的说明及这些航线的航程。

如图 4-9 所示，根据不同海区，英版《世界大洋航路》分为两册：NP136(1)和 NP136(2)。NP 是 Nautical Publication 的缩写，英国海军水道测量局出版的航海图书都冠以 NP 来编号。《世界大洋航路》每册的第一章为航线设计知识介绍以及自然条件相关图表等；第二章以后为对应各海区自然条件、港口至港口或连接点的推荐航线、航线列表等详细资料。

英版《航路设计图》

英版《航路设计图》（*Admiralty Routeing Charts*）共分北大西洋（5124）、南大西洋（5125）、印度洋（5126）、北太平洋（5127）、南太平洋（5128）、马六甲海峡和马绍尔群岛（5141）、墨西哥湾和加勒比海（5142）、地中海和黑海（5146）、阿拉伯海和红海（5147）、孟加拉湾（5148）、南海（5149）及东海（5150）等 12 个海区，每月各 1 张，共计 144 张图。括号里的数字表示图号，如果是 1 月份的航路设计图，则在图号后面加上月份号，比如，北大西洋 1 月份的航路设计图，就是 5124(1)。

图 4-9　英版《世界大洋航路》

航路设计图是拟定大洋航线时的重要参考资料之一。图中较为直观、简明地标绘出了各大洋航区的推荐航线及各港间航程，以及各航线附近的风向、风力、洋流等资料，如图 4-10 所示。另外，在图中还标绘有冰区界限、载重线区域等资料。

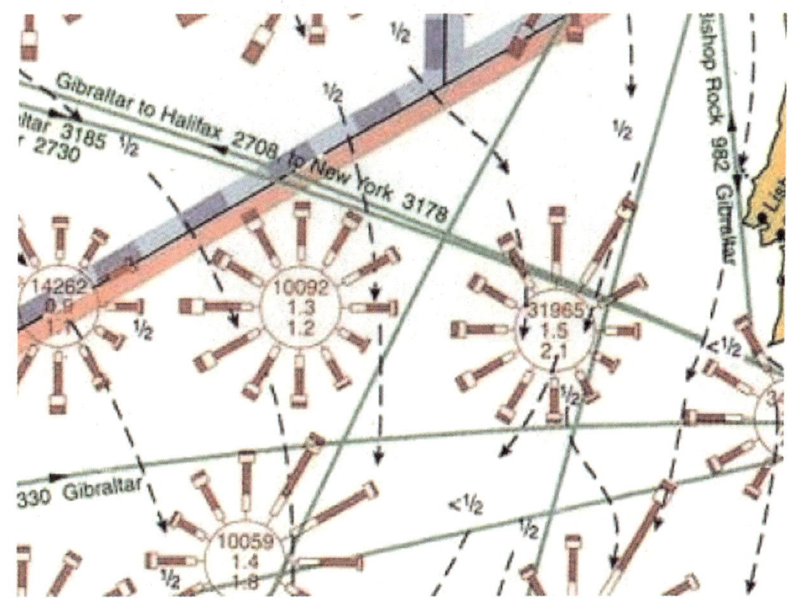

图 4-10　英版《航路设计图》

航路设计图可与《世界大洋航路》一起阅读使用，互相参阅，以便拟定大洋航线。

该图是以墨卡托投影原理制成的，由于比例尺较小，不能作为航行用图，但可以作为大洋总图使用。

英版《航路指南》

英版《航路指南》(*Admiralty Pilot or Sailing Directions*)包括世界各海区，共70余卷，其书号为NP1～NP72。《航路指南》所提供的资料用以补充海图资料的不足。因此，在拟定航线时，除参阅《世界大洋航路》《航路设计图》等资料外，还应同时参阅《航路指南》的有关内容。图4-11为英版《航路指南》第72卷的封面。

图4-11　英版《航路指南》第72卷封面

英版《无线电信号表》

英版《无线电信号表》(*Admiralty List of Radio Signals*)提供有关海上无线电通信各个方面的信息，帮助驾驶人员在整个航程中管理通信并遵守有关规定。该出版物分为6卷，书号为NP281～NP286。

第一卷是关于海岸无线电台(国际通信)的资料；第二卷包括无线电助航

标志、差分 GPS、法定时、无线电时号和电子定位系统等信息；第三卷包括海上安全信息广播、全球范围的航海电传和安全网信息等相关图表；第四卷包括气象观测站一览表及其相关图表；第五卷是关于全球海上遇险与安全系统(Global Maritime Distress and Safety System，简称 GMDSS)的资料；第六卷是关于引航服务、船舶交通服务和港口业务的资料。图 4-12 所示为英版《无线电信号表》第 282(1)卷封面。

图 4-12　英版《无线电信号表》第 282(1)卷封面

《潮汐表》

海平面并不是一成不变的，不仅在垂直方向会发生周期性运动(潮汐)，在水平方向也会发生周期性运动(潮流)。潮汐和潮流对船舶航行有很大影响。利用《潮汐表》和《潮流表册》正确获取海峡、航道、港口和泊位的潮汐和潮流资料，是保证船舶安全的必要条件。

英版《潮汐表》(*Admiralty Tide Tables*)共 8 卷，书号为 NP201～NP208，覆盖全球范围的 7 000 多个港口。《潮汐表》每年出版一次，列出港口每天高潮、低潮的时间和高度。部分《潮汐表》还会列出重要水道、港湾的潮流资料。

英版《潮流表册》(*Admiralty Tidal Stream Atlas*)共 22 卷，主要为西北欧水域重要海峡、港湾的潮流资料，包括流向和流速。图 4-13 为英版《潮汐表》(NP201A)和《潮流表册》(NP264)封面。

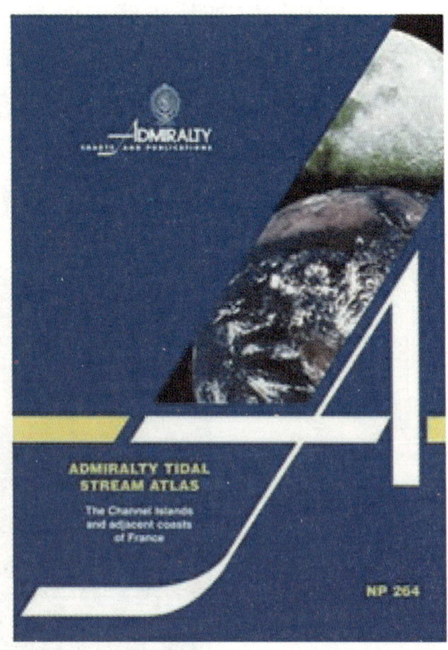

图 4-13　英版《潮汐表》和《潮流表册》

英版《灯标和雾号表》

英版《灯标和雾号表》(*Admiralty List of Lights and Fog Signals*)共计 15 卷,代号为 A～Q(I 和 O 除外),书号为 NP74～NP88,按地区分别记载全世界 85 000 多座灯塔、灯桩、灯浮(高度超过 8 m)以及雾号的资料,包括灯标的编号、位置和名称、纬度和经度、灯质和灯光强度、灯芯高度、射程、结构细节和塔高、备注等内容。

英版《灯标和雾号表》每卷每年更新一次,新版本一经出版,旧版本即同时宣布作废。

限于篇幅,大部分航用海图只标识了灯标和雾号的简单信息,比如灯质、射程,想了解该灯标的详细资料,必须查阅《灯标和雾号表》。图 4-14 为英版《灯标和雾号表》封面。

英版《航海图书总目录》

英国海军水道测量局出版的海图有 4 000 多张,图书资料有几十种,覆盖全球水域。航海人员进行航线设计时,如何从这么多海图和图书资料中找到所需要的呢?英版《航海图书总目录》(*Catalogue*,以下简称《目录》)包括由英国海军水道测量局出版的全部海图及其他航海图书。《目录》的书号为

图 4-14 英版《灯标和雾号表》封面

NP131,每年修订再版。新版本发行后,上年度旧版本作废。

《目录》的主要作用就是在航线设计时抽选航用海图和航次所需航海图书;同时,还可以利用《目录》来查验船上所存海图和航海图书是不是最新版本;《目录》里还列举了世界各地海图代销店和获取航海通告的地点等信息。图 4-15 为英版《目录》封面。

图 4-15 英版《目录》封面

英版《航海通告》

英版《航海通告》(*Admiralty Notices to Mariners*)每周末出版一期。它汇集了英国海军水道测量局发布的全部航海通告,提供对所有英版海图及其他航海图书的改正资料。

海图和其他航海图书资料出版后,所包括的水域可能会发生变化,对航行安全有影响,比如出现沉船、水深变化、航标的设置等,但海图和图书资料不能因这些改变而马上再出版一次,怎么把这些改变体现在海图和图书资料上呢?

《航海通告》是用以通报涉及航行安全的改正海图和航海图书的定期或不定期出版物。其主要内容为:助航设备的变化情况,水中危险物和障碍物的发现、清除情况,水中建筑物的变化情况,各种界限、航行规章、航法以及保证航行安全的其他规定的变更情况,新版航海图书的出版消息,仍有效的无线电航海警告等。图 4-16 为英版《航海通告》的封面,也是其目录。

Notices
926 – 1010/22

UK Hydrographic Office

ADMIRALTY
NOTICES TO MARINERS

Weekly Edition 11
17 March 2022
(Published on the ADMIRALTY website 07 March 2022)

CONTENTS

I	Explanatory Notes. Publications List
II	ADMIRALTY Notices to Mariners. Updates to Standard Nautical Charts
III	Reprints of NAVAREA I Navigational Warnings
IV	Updates to ADMIRALTY Sailing Directions
V	Updates to ADMIRALTY List of Lights and Fog Signals
VI	Updates to ADMIRALTY List of Radio Signals
VII	Updates to Miscellaneous ADMIRALTY Nautical Publications
VIII	Updates to ADMIRALTY Digital Services

图 4-16　英版《航海通告》封面

《航海通告》是改正海图、航路指南和其他航海图书的依据。通常每周出版一期,不同国家还出版每月、每年的各种汇编、摘要。通告的内容按其生效情况可分为永久性通告、临时性通告和预告性通告 3 种。

船舶靠港后，通常由船舶代理将收集的《航海通告》送至船上，二副负责按《航海通告》内容对相关海图和图书资料进行改正。经改正后的海图和图书资料才视为有效、适用的。

随着网络在船上的普及，数字化《航海通告》逐渐替代了纸质版。航海人员在船上上网就可以下载《航海通告》，这样就能及时对海图和航海图书进行改正。

《进港指南》

《进港指南》(*Guide to Port Entry*)由英国航运指南公司发行，每两年一版，新版本一经发行，即宣布原版本作废。目前该书按英文国名第一字母顺序排列分为四册。其中两册是港口资料正文(Text)，另两册是港图和系泊图(Plans)等。该书是船舶进入港口的重要指导书，如图 4-17 所示。

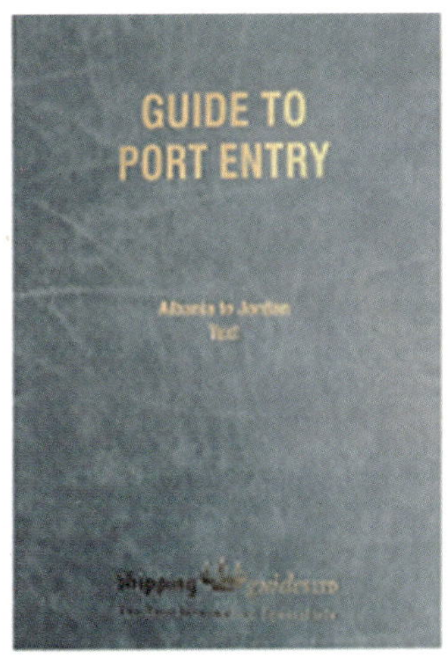

图 4-17 《进港指南》

各港口资料提供包括港口大概位置、港界、进港应提交的文件单证、引航制度、锚地情况、限制进港时间、最大尺度、无线电台、高频无线电话、雷达、拖船、泊位、起重机械、散货装卸设备、特殊货物起运设备、桥梁、装卸工、医疗、油船、密度(盐度)、淡水、燃料、消防措施、领事、修理、干船坞、验船师、开关舱、酒的海关允许量、货物传送设备、遣返回国、航空港、时制、节假日、警察/救护/火警(电话号码)、船岸电话、服务、登岸、身份证、规章、燃油、预计在泊位的延时、港口当局和代理等相关信息。各港情况有异，因此上述内容不一定各港都有。

我国航海出版物

我国负责出版航海图书资料的机构包括中国人民解放军海军海道测量局(原海军司令部航海保证部)、交通运输部海事局和国家海洋局海洋信息中心。

按照《中华人民共和国测绘法》有关规定,海军负责管理中华人民共和国的海洋基础测绘工作;中国人民解放军海军海道测量局是中华人民共和国官方海道测量机构,负责出版发行航海图、港湾图、海区总图、渔业用图等各种海图、专题图和图集,定期发布航海通告并出版《航海天文历》《航标表》《中国港口指南》《航路指南》等各类航海书表。

交通运输部海事局为交通运输部直属行政机构,其职责之一是管理海区港口航道测绘并组织编印相关航海图书资料。

国家海洋局海洋信息中心是中版《潮汐表》编制发行的承担单位。

中版资料在编排和内容上与英版类似,悬挂中国国旗的船舶应配备中版海图和航海出版物。

你知道吗

有关航海图书资料的配备,国际海事组织在《国际海上人命安全公约》(简称 SOLAS 公约)中提出了相应的要求,2006 年国际海事组织海上安全委员会(简称 MSC)以通函的方式进一步明确了船舶应配置的航海图书资料。许多航海国家也对船舶配备航海图书资料提出了自己的相应要求。

第五章 航海人的“守护神”

航海人的“守护神”是什么？能引导航海人安全归航的海上助航标志无疑就是航海人的“守护神”。为引导船舶在正确的航道上航行，航道部门或海上安全监督部门在海上、海岸或江河设置了各种不同类型和不同作用的航行标志或助航标志，它们以特定的标志、灯光、音响或无线电信号来指示或辅助航行，这些助航标志（Aids to Navigation）简称航标。航标的主要作用有：指示航道、船舶定位、标示危险区和标示特殊水域（如锚地、测量作业区、禁区、渔区等）。

海上助航标志的发展史

海上助航标志的历史源远流长。远古时代，人们出海活动，高耸的山峰、高大的树木、孤立的礁石都是自然航标，指引着归航之路。航标是人类征服大自然的经验总结。经历了漫长的岁月浸润，人们从船只触礁、搁浅、翻沉等事故中得到启示，于是“人工航标”应“航”而生。

古代在山坡上点燃的火焰用以指示安全通道的位置，引导船只进入港口。它们建在平台上是为了提高能见度，并且必须被监视以确保火焰不会熄灭。

世界航标发展历程

人类最早使用的人工航标是灯塔。灯塔是从早期的台火（Platform Fires）演变而来的。记录表明，最早的灯塔可以追溯到公元前5世纪。这座建筑位于希腊比雷埃夫斯港，由一座石塔组成，塔顶装有一个消防照明灯塔，如图

于希腊比雷埃夫斯港,由一座石塔组成,塔顶装有一个消防照明灯塔,如图5-1所示。

图 5-1　最早的灯塔

两个世纪后,埃及亚历山大港著名的灯塔,被称为亚历山大法罗斯灯塔建成。

随着航海技术的进步,需要更好的导航设备,欧洲各地建造了更多的灯塔。在爱尔兰,一座中世纪的灯塔如今仍在使用。胡克角灯塔在过去的800年中进行了一些升级,这是世界上最古老的尚在运行的灯塔之一。

蜡烛和油灯已经取代了燃烧的柴堆,从19世纪60年代起,天然气成为灯塔照明的主要燃料,其能量远远超过石油。同时,人们也在探索使用电照明。第一座电照明灯塔是1862年在英国肯特的邓格内斯(Dungeness)建造的,但从电照明成为灯塔照明的主要形式至今,还不到100年。

20世纪60年代也是LED灯首次发明的时候。然而,直到最近几年,这项技术才被引入灯塔。当然,LED灯有很多优点——它们耗电更少,只需要很少的维护,并且可以由太阳能供电。

随着电子航海辅助设备的进步,大多数灯塔已改为自动运行,不再需要全职看守人在场。许多标志着港口入口的早期灯塔已不再是海上交通的必需品,取而代之的是导航浮标和静态导航灯。

在英国的60多座灯塔,仍然用于为来自世界各地的船舶海上航行指引方向,成为英国海岸线中美丽的风景线。

我国航标发展历程

我国航标的发展也经历了从自然标志到人工标志的演进过程。我国也是最早把航标用在沿海和内河船舶助航的国家之一。

早在4 000多年前的夏王朝时期,人们就利用“碣石”作为自然航标。《尚书·禹贡》就记载了古代辽东一带的岛夷人,在渤海北部航行,利用碣石进入

黄河口，再到中原都城进贡的一段历史。

自古以来，建在沿海的宝塔、望楼被航海者视为出入海口的“人工航标”。广州怀圣寺的光塔，建于唐代，矗立在珠江岸边，夜间悬灯，指引船只回到广州。我国第一座灯塔是台湾澎湖渔翁岛的西屿灯塔（又称渔翁岛灯塔），建于清乾隆四十三年（1778）。

鸦片战争后，清政府丧权辱国，沿海和长江的航标设置权被西方列强通过操纵海关把控。中华人民共和国成立后，由海关主管的航标管理权移交给交通部。随着国家航运事业的发展，我国的航标工业从无到有，发展迅速。到目前为止，我国在沿海和内河都建立了完整的航标体系，为航海者保驾护航。

世界十大灯塔

灯塔（Lighthouse），一般设置在显著的海岸、岬角、重要航道附近的陆地或岛屿上，以及港湾入口处。它是由基础、塔身和发光器三部分组成的塔状物，一般比较高大而坚固并会发光。灯塔一般有人看守，工作可靠，海图上位置准确，是一种主要航标。

灯塔象征着守护神和阳光，象征着希望，坚定而执着，始终如一，不离不弃。

世界上著名的灯塔包括火地群岛灯塔（阿根廷）、萨穆伯灯塔（加拿大）、哈特拉斯角灯塔（美国）、佩吉点灯塔（加拿大）、Kullen 灯塔（瑞典）、大力神灯塔（西班牙）、斯莱特尼斯灯塔（挪威）、Kopu 灯塔（爱沙尼亚）、贝尔灯塔（苏格兰）和吉达灯塔（沙特阿拉伯）等，如图 5-2～图 5-11 所示。

火地群岛灯塔位于阿根廷的最南端，被称为“世界尽头的灯塔”，是当地非常出名的旅游景点。火地群岛灯塔于 1920 年 12 月 23 日投入使用，守卫着乌斯怀亚的出海口。

萨穆伯灯塔建于 1759 年，位于加拿大哈利法克斯地区自治领萨穆伯社区附近的一个岛上，是北美现存最古老的灯塔。

哈特拉斯角灯塔位于美国北卡罗来纳州的哈特拉斯岛上，高达 210 ft（64 m），建于 1870 年，是美国最高的砖砌灯塔。

佩吉点灯塔是加拿大著名的标志性建筑，于 1915 年首次被点亮。

Kullen 灯塔位于瑞典西南海岸的一座小山上，是瑞典最著名的地标之一。

大力神灯塔高 55 m，有近 1 900 年的历史。它于 1791 年修复，是西班牙

图 5-2　火地群岛灯塔(阿根廷)

图 5-3　萨穆伯灯塔(加拿大)

图 5-4　哈特拉斯角灯塔(美国)

的国家纪念碑,也是联合国教科文组织认定的世界遗产。

斯莱特尼斯灯塔是欧洲大陆最北端的灯塔,标志着欧洲的“顶端”。该灯塔于 1905 年首次被点亮。

Kopu 灯塔位于爱沙尼亚的希尤马岛上。它是世界上第三古老的还在运

图 5-5　佩吉点灯塔（加拿大）

图 5-6　Kullen 灯塔（瑞典）

图 5-7　大力神灯塔（西班牙）

行的灯塔，自 1531 年以来一直在持续使用中。

贝尔灯塔位于苏格兰，是世界上现存最古老的海水冲刷灯塔，于 1811 年首次被点亮，高 35 m。建造该灯塔所面临的挑战被称为工业界七大奇迹之一。

吉达灯塔位于沙特阿拉伯，建于 1990 年，高达 133 m，是世界上最高的灯塔。

图 5-8　斯莱特尼斯灯塔(挪威)

图 5-9　Kopu 灯塔(爱沙尼亚)

图 5-10　贝尔灯塔(苏格兰)

图 5-11　吉达灯塔(沙特阿拉伯)

我国著名灯塔

我国著名的灯塔包括老铁山灯塔、大沽灯塔、猴矶岛灯塔、青浦洳塔、大戢山灯塔、花鸟山灯塔、临高角灯塔、木兰头灯塔等。

老铁山灯塔(见图 5-12)位于辽宁省大连市旅顺口南端,三面环海,位于黄、渤海分界线附近。灯塔高 14.2 m,至今已有百余年历史。1997 年,国际航标协会把老铁山灯塔列入“世界一百座历史文物灯塔”。

图 5-12　老铁山灯塔

大沽灯塔(见图 5-13)位于天津港外,建于 1978 年,高达 56.45 m,是我国第一座水中灯塔,也是我国自行设计、自行建造的第一座海上灯塔。

图 5-13　大沽灯塔

猴矶岛灯塔(见图 5-14),位于山东省烟台市蓬莱区猴矶岛。该岛享有“京津门户,渤海锁钥”的美誉。1882 年,英国人在猴矶岛建起灯塔,塔高约 14 m。历经百年风雨,猴矶岛灯塔已成为爱国主义教育基地和旅游度假胜地。2013 年,猴矶岛灯塔列入全国重点文物保护单位。

图 5-14　猴矶岛灯塔

青浦泖塔(见图 5-15)坐落于上海市青浦区巷泖口,唐乾符年间(874—879)由僧如海在泖河入海口的小洲岛上筑台建塔寺。泖塔是我国目前有文字记载的最早的航标,1997 年被列入世界航标遗产。

图 5-15 青浦泖塔

大戢山灯塔(见图 5-16),位于紧邻上海洋山港的大戢山岛,该岛是从我国南方进入上海港的必经之地。大戢山灯塔是我国目前灯塔中设备最全、功能最先进的综合助导航信息灯塔,是一座综合性的助航保障设施。

图 5-16 大戢山灯塔

花鸟山灯塔(见图 5-17)坐落于浙江省嵊泗县花鸟岛,位于长江口外,舟山群岛最北端。该灯塔于 1870 年由英国人建造,1910 年重建,1916 年扩建,至今已有 100 多年的历史,享有“远东第一灯塔”的美誉。

临高角灯塔(见图 5-18)位于琼州海峡西面进口处,于 1893 年由法国人建造,是海南最老的灯塔,塔高 20.6 m,是船舶来往琼州海峡及通往北部湾、东南亚的重要导航标志。1997 年,国际航标协会将临高角灯塔列入“世界一百座历史文物灯塔”。

木兰头灯塔(见图 5-19)位于海南省文昌市,被誉为“亚洲第一灯塔”,于 1995 年 8 月建成,塔高 75 m。木兰头灯塔所在位置被古人称为“木烂头”。这里浪大风急,很多经过此地的船舶都沉没于此,船只的木质碎片被海浪拍打到岸边，因此当地人称之为“木烂头”。

图 5-17　花鸟山灯塔

图 5-18　临高角灯塔

图 5-19　木兰头灯塔

南海是全球海上交通最繁忙的水域之一，2015 年起，我国在南沙华阳、赤瓜、永暑、渚碧和美济等五座岛礁上建成了用于南沙水域的民用助航灯塔，称为“南沙五塔”。这些灯塔为航经该水域的各国船只提供航路指引、安全信息、应急救助等公益服务，降低了船舶航行风险，减少了海难事故的发生。

灯船和灯浮

除了设置在岛屿、礁石、海岸等上面的固定航标，还有浮在水面上用锚或沉锤、锚链牢固地系留在预定点海床上的航标，称为水上助航标志，包括灯船和浮标。

灯船

灯船(Light Vessel)，一般设置在周围无显著陆标或者水太深不便建造灯塔的重要航道附近，以引导船舶进出港口、避险等。灯船是一种在甲板高处装有发光设备的特殊船舶。灯船具有能经受风浪袭击和顶住强流的牢固结构和锚设备，灯光射程较远，可靠性较好，有的还有人看管。灯船的标身一般涂红色，船体两侧有醒目的船名或编号，桅上悬挂黑球，供白天识别用。有的灯船还装有音响设备，在能见度不良的天气发出雾号，图 5-20 所示为格林尼治灯船。

图 5-20 格林尼治灯船

灯船发光设备装在甲板高处，灯具安置在平衡架上，使灯光不受船体摆动影响，以接近于水平方向发射。其灯光射程可达 10 n mile。

有记录表明，在罗马时代，船只上就安装过火把，从而起到导航作用。但世界上真正意义上的第一艘灯船是英国理发师兼船舶经理罗伯特·汉布林与投资者戴维·艾弗里合作的结果。1730 年，这两人获得了政府许可，可以在泰晤士河河口的北岸停泊一艘船，并在船上悬挂一盏显眼的灯，作为助航设备。

浮标

浮标（Buoy），一般设置在海港和沿海航道以及水下危险物附近，用以标示航道，指示沉船、暗礁、浅滩等危险物的位置。浮标是具有规定的形状、尺寸和颜色等的浮动标志，通常用锚链系固在海底（如图 5-21 所示）。受海流和潮汐的影响，浮标会以锚碇为中心在一定范围内移动漂失，所以，通常不能利用浮标来精确定位。

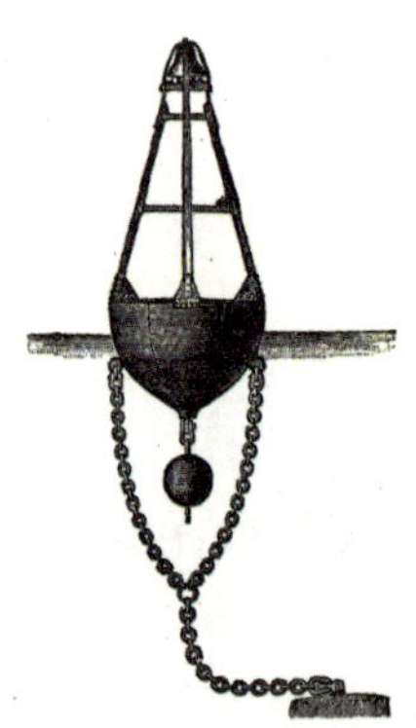

图 5-21　浮标

浮标上可能装有发光器、声响设备、雷达反射器、规定的顶标等。装有发光器的浮标称为灯浮。大部分灯浮光源使用电能，也有少部分灯浮采用可燃气体或煤油作为能源。如用电作为能源，可采用蓄电池、空气电池或镍镉电池等供电，也可使用太阳能、波力发电和风力发电等供电。

虚拟航标

随着电子航道图及智慧航道的发展，虚拟航标应运而生。根据国际航标协会（International Association of Lighthouse Authorities，简称 IALA，如图 5-22

所示)的定义,虚拟航标(Virtual Aid to Navigation)是指物理上不存在,由经授权的助航服务部门发布能在导航系统中显示的数字信息物标。虚拟航标综合应用了计算机技术、电子海图技术、AIS 技术和 GPS 卫星导航技术等先进的现代高科技技术。

图 5-22 国际航标协会标志

根据信息传输方式的不同,虚拟航标可以分为 AIS 虚拟航标和电子航道图虚拟航标。

AIS 虚拟航标

AIS 虚拟航标通过 AIS 基站播发航标类型、名称、位置等信息,航行在 AIS 基站覆盖范围内安装有 AIS 设备的船舶均可接收并显示虚拟电子航标符号。AIS 虚拟航标主要用于沿海航道和江河入海口等交通运输部海事局管辖的水域,如图 5-23 所示。

图 5-23 AIS 虚拟航标

船舶自动识别系统(Automatic Identification System,简称 AIS),由岸基(基站)设施和船载设备共同组成,是一种新型的集网络技术、现代通信技术、计算机技术、电子信息显示技术为一体的数字助航系统和设备。目前在国内由

中国海事局负责船载电子海图系统和 AIS 的统一管理等。

AIS 诞生于 20 世纪 90 年代，是一种新型的助航系统。它在结合 GPS 导航定位技术的基础上，在海上 VHF 频段自动连续发送静态数据（如船名、船籍、IMO 编号、船长、船宽等）、动态数据（如船位、船速、航向等）、航行相关的信息（如船舶吃水、危险货物类型等）和安全信息（VTS 交通信息、天气报告、实时水道测量数据等），同时也自动接收周围船舶发出的这些信息，并与海岸基站进行信息交换。

AIS 虚拟航标是基于 AIS 技术而产生的新型航标技术，是 AIS 与电子海图显示与信息系统（ECDIS）有机结合的产物，是网络技术、计算机技术、卫星导航定位技术等高新技术在航标中的应用。AIS 基站可以及时将其覆盖范围内的航标信息返送给用户，并在 ECDIS 上显示出来。用户在使用虚拟航标技术时，可以通过 ECDIS 反馈的信息，了解航标符号的特定位置，进而达到保证船舶航行安全的目的。

电子航道图虚拟航标

电子航道图虚拟航标是指在电子航道图中用规定符号标示的、通过电子航道图数据更新向特定用户（安装了该电子航道图应用终端的用户）发布的物理上不存在的航标。电子航道图虚拟航标以电子航道图为基础，相比于 AIS 虚拟航标设置更简单。随着电子航道图的不断升级，电子航道图虚拟航标也在逐步投入应用，目前内河航道使用较多且最有可能推广应用的是电子航道图虚拟航标。

国际航标协会

海区水上助航标志制度具有国际性质，它直接影响着海上船舶的航行安全。过去百余年间，世界各地海区水上助航标志比较混乱，给航海人员带来很大不便，甚至造成航行事故。自 1936 年起，国际有关组织开始了海上统一浮标系统的研究。国际航标协会在经历了 40 多年的研究和实地试验后，终于于 1980 年 11 月，在东京召开的国际航标协会第十届大会上，商讨并通过了国际航标协会浮标制度。

2010 年 3 月，在开普敦召开的国际航标协会第十七届大会，提出了修改后的国际航标制度，包括侧面标志、方位标志、安全水域标志、孤立危险物标志、专用标志和其他标志等 6 类标志。

侧面标志

侧面标志通常用于界限明确的航道。这些标志指明应遵循航路的左侧或右侧；在航道的分岔处还可用一个经修改为指示分岔点的侧面标志来指明推荐的航道。

当船舶顺着习惯走向航行时，其左舷一侧为航道的左侧，右舷一侧为航道的右侧，如图 5-24 所示。

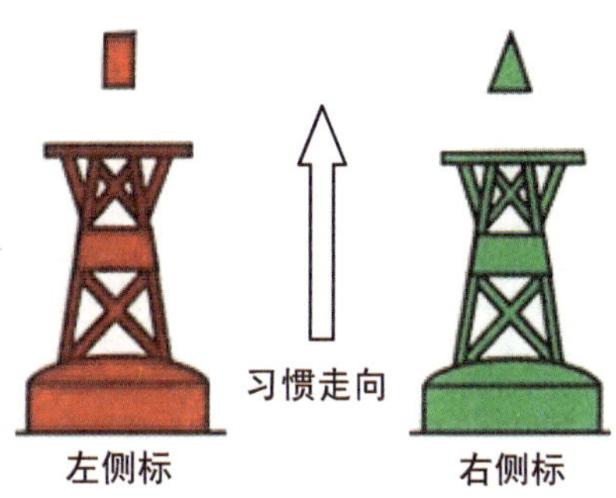

图 5-24　A 区域侧面标志

国际浮标制度将世界上所有国家分为 A 区域和 B 区域。南、北美国家，以及亚洲的日本、韩国和菲律宾属于 B 区域，其他国家属于 A 区域。两个区域的侧面标志颜色正好相反，包括顶标、标身、灯光的颜色。A 区域左侧标标身为红色，夜间发红色灯光；右侧标标身为绿色，夜间发绿色灯光；B 区域左侧标标身是绿色，右侧标标身是红色。

方位标志

方位标志结合罗经使用，它们分别设立在以被标志点为基准点的四个隅点方位所分割成的四个象限（北、东、南和西）中。方位标志以其所在象限的名称命名，其同名侧为可航水域，危险物位于异名侧。

如图 5-25 所示方位标志，以北方位标为例，如果在海上航行时，驾驶人员发现该标志，应该从该标志的北侧航行，因为在该标志的南侧有危险物。

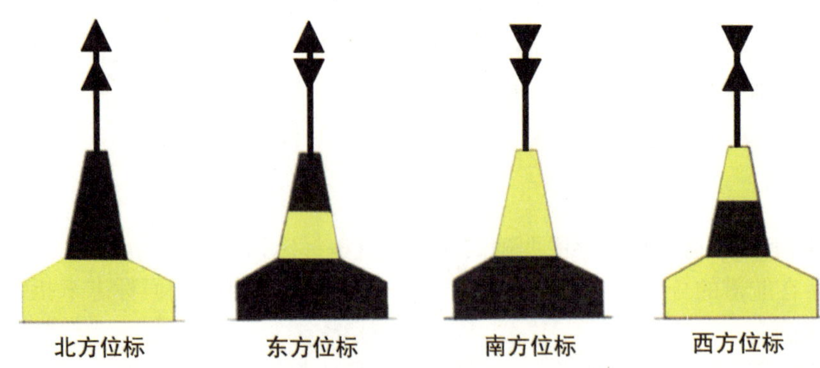

图 5-25　方位标志

安全水域标志

安全水域标志用于指明在该标周围均为可航水域,这种标志可用作中线标志、航道中央标志或航道入口标志,或者用于指明固定桥下最好的通过点。船舶航行时发现该标志,应该靠近该标志(但不能触碰标志)。

安全水域标志为球形浮标或者带球形顶标的柱形或杆形浮标,标身颜色为红白相间竖纹,顶标是单个红球,如图 5-26 所示。灯标的光色为白色,光质可以是等明暗、明暗、长闪光或莫尔斯信号“A”。

图 5-26　安全水域标志

孤立危险物标志

孤立危险物标志是指竖立或系泊在周围有可航水域、范围有限的孤立危险物之上的标志,如图 5-27 所示。船舶航行时发现该标志,应远离。

孤立危险物标志标身形状一般为柱形或杆形,颜色为黑色,中间有一条或多条宽阔的红色横纹。顶标为上下两个黑球,光色为白色,光质为联闪。

图 5-27　孤立危险物标志

专用标志

专用标志主要不是为助航目的而设置的，它用来指明航海文件中所提到的分道通航制区域、军事演习区域和娱乐区域等特殊区域，如图 5-28 所示。

专用标志标身形状可以任选，但不得与侧面标志和安全水域标志相抵触；标身颜色为黄色；顶标是单个黄色“X”形；光色为黄色；光质除方位标志、孤立危险物标志和安全水域标志使用的白色光质外任选。

图 5-28　专用标志

其他标志

其他标志是指除上述 5 种标志以外的助航标志，包括导标、光弧灯标、灯塔和立标、大型浮动航标、辅助标志和港口标志等。

如果在某水域发现危险物，没有在海图上和航路指南中标明，也没有利用

航海通告充分发布，则称为新危险物。新危险物包括自然出现的障碍物，如沙滩、礁石；或人为的危险物，如沉船。发现新危险物后，主管机关应尽快在附近设立航标，以提醒过往船只。标示新危险物应用应急沉船示位标，如图 5-29 所示。

图 5-29　应急沉船示位标

该浮标标身为等分的蓝黄垂直条纹（最少 4 条，最多 8 条），标身形状为柱形或杆形，如装有顶标，应为直立的黄色十字。灯光颜色为蓝黄互闪光，即蓝光和黄光轮流闪烁。

我国在国际海上浮标制度（A 区域）的基础上，结合我国实际情况，在 1984 年制定了《中国海区水上助航标志》国家标准（GB 4696—84），并于 1985 年 8 月 1 日付诸实施。该标准适用于中国海区及其海港、通海河口的所有浮标和水中固定标志。

你知道吗

什么是"浮标习惯走向"？

要确定左和右，必须先给出一个方向。浮标习惯走向应该在适当的海图和航海文件中指明，通常按以下三种方法之一规定的方向：

(1) 从海上驶近港口、河流或其他水道时所采取的走向；

(2) 在外海、海峡或岛屿之间的水道，原则上是环绕大片陆地的顺时针方向；

(3) 在复杂的环境里，习惯走向由航标主管部门确定，并在海图上用洋红色箭头标示。

第六章 潮涨潮落

船舶在海上航行，尤其是沿岸航行，为保证航行安全，海员需要准确获取当地潮汐和潮流数据。

潮汐的形成

当你坐在干爽的沙滩上观赏浩瀚的大海和落日的余晖时，不知不觉间海水就把你的鞋打湿了，海水涨了上来，这就是涨潮。潮汐(Tide)是海面周期性的升降运动。白天为朝，夜晚为夕，所以把白天出现的海水涨落称为“潮”，夜晚出现的海水涨落称为“汐”。

海面上升的过程称为涨潮(Flood Tide)，当海面升到最高时，称为高潮(High Water)；海面下降的过程称为落潮(Ebb Tide)，当海面降到最低时，称为低潮(Low Water)。

平衡潮理论

牛顿提出的万有引力定律，说明了世间万物都受到万有引力的作用，潮汐现象也不例外。潮汐和月球、太阳有着密切的关系，尤其是离地球最近的月球。为什么月球的影响比太阳大呢？万有引力的公式表明，引力与两大体距离平方成反比，距离越近，引力越大；引力与天体质量成正比，质量越大，引力越大。太阳虽然质量很大，但距地球太遥远；月球虽然质量小，但距离地球很近。所以，月球对潮汐的影响比太阳更大，经计算，太阳的引潮力是月球的引

近。所以,月球对潮汐的影响比太阳更大,经计算,太阳的引潮力是月球的引潮力的46%左右。

牛顿创立的平衡潮理论是研究潮汐成因的基础理论。所谓平衡潮,是指海水在引潮力和重力作用下达到平衡时的潮汐。

假设整个地球表面被等深的海水所覆盖,所有自然地理因素对潮汐不起作用;海水之间没有摩擦力和惯性力,受到外力作用时,海水在任何时候都处于平衡状态。基于以上两个假设研究潮汐形成的原理,称为潮汐静力原理或平衡潮理论。

月球的引力和惯性离心力

根据万有引力定律,地球与月球之间的引力(f)为:

$$f = k\frac{M_e \cdot M_m}{R^2}$$

其中:M_e 和 M_m 分别为地球和月球的质量;k 为万有引力系数;R 为月心和地心之间的距离。

地球表面上至月心距离为 d 的单位质点 P(质量为1)所受的引力为:

$$f_P = k\frac{M_m}{d^2}$$

可以得知地球表面各点所受引力的大小和方向均不相同,其大小取决于该点至月心的距离,方向均指向月心,如图6-1所示。

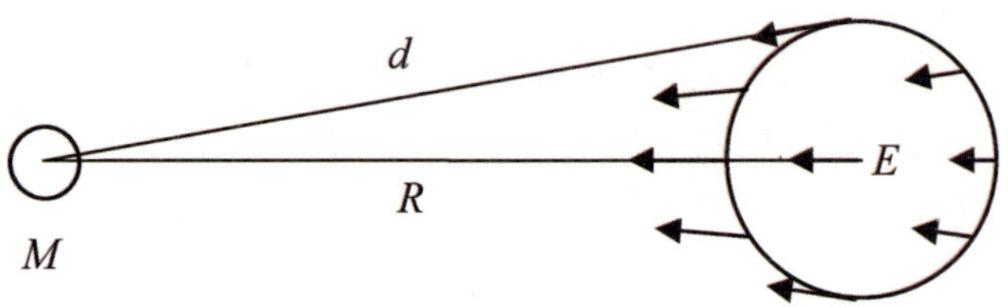

图6-1 月球的引力

月球是地球的卫星,它不停地绕着地球公转,但严格地说,月球并不是绕地球中心公转,而是绕着月球和地球的公有质心旋转。如图6-2所示,设 G 为月球和地球的公有质心,则根据计算,G 的位置在月、地连线上,距地心 E 约为0.73r 处(r 为地球半径)。在旋转过程中,月心、地心与公有质心永远在一条直线上,且月心和地心分别位于公有质心的两边。

将地球、月球均看成质点,且其质量均分别集中在其球心。月球、地球均

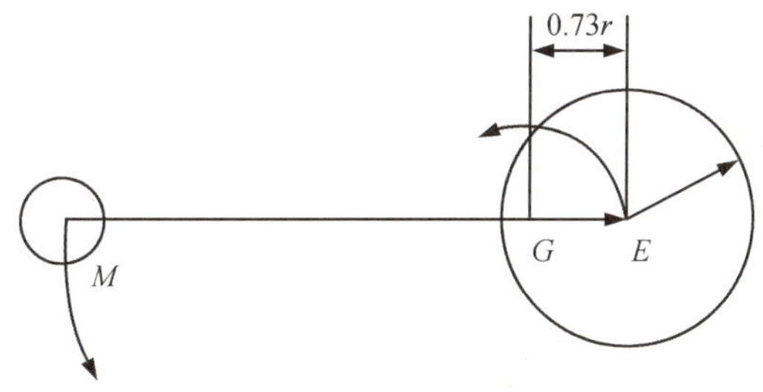

图 6-2　月—地系统的运动

能持久地沿着一定的轨道运动，说明地球所受的月引力和月－地运动时所产生的惯性离心力相平衡，即其合力为零。这就说明，地心处单位质量的物体，由地球月运动所产生的惯性离心力和其所受的月引力的大小相等，但方向则相反，如图 6-3 所示。

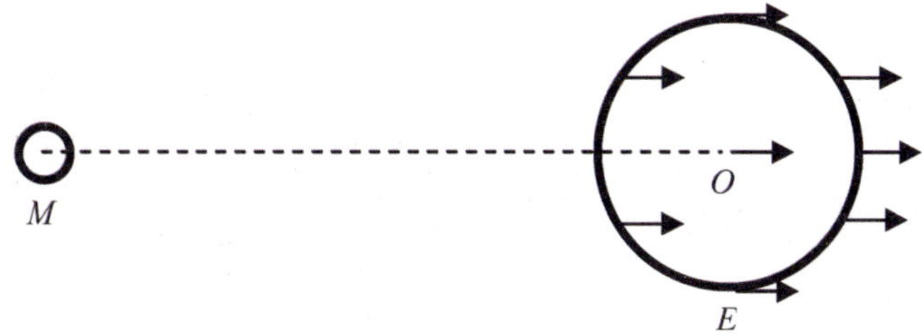

图 6-3　惯性离心力

月潮椭圆体

月球的引潮力是月引力和月－地运动时的惯性离心力的矢量和，即：

引潮力＝月引力+地球月运动的惯性离心力

潮汐产生的原动力是天体的引潮力，即天体的引力和地球－天体相对运动所需的惯性离心力的矢量和，其中月球的引潮力是主要动力，其次是太阳的引潮力。

根据这个理论，地球在天体引潮力作用下形成椭圆体，如图 6-4 所示。地球自转时，同一地点的测者会随着地球自转感知海平面高度的变化，即海面在垂直方向上的升降运动。

地球自转，当月球在某地的上中天或下中天时，理论上说，该地海面水位最高，即为高潮；而与该地经度相差大约 90° 的地方，海面水位最低，即为低潮，如图 6-5 所示。

在新月（朔）、满月（望）日，月球、太阳和地球三者近乎处于同一直线上，

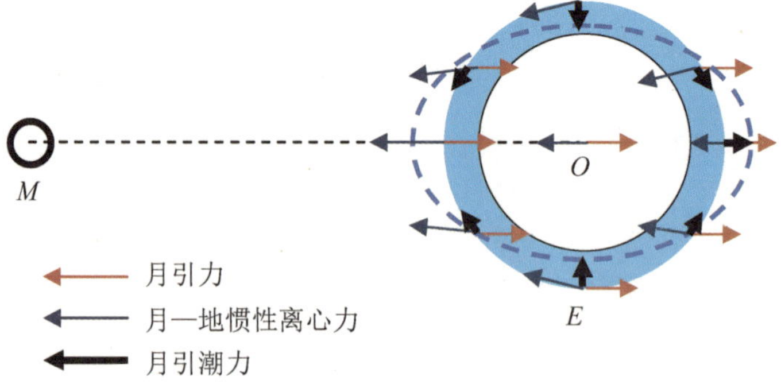

图 6-4 月潮椭圆体

月球和太阳能引起的潮汐相互叠加,使海面的升降幅度较大,故称“大潮(Spring Tide)”。实际上各地受其他因素影响,大潮并不一定见于朔、望日,可能延迟 2~3 日。大潮时高潮最高,低潮最低,潮差最大。

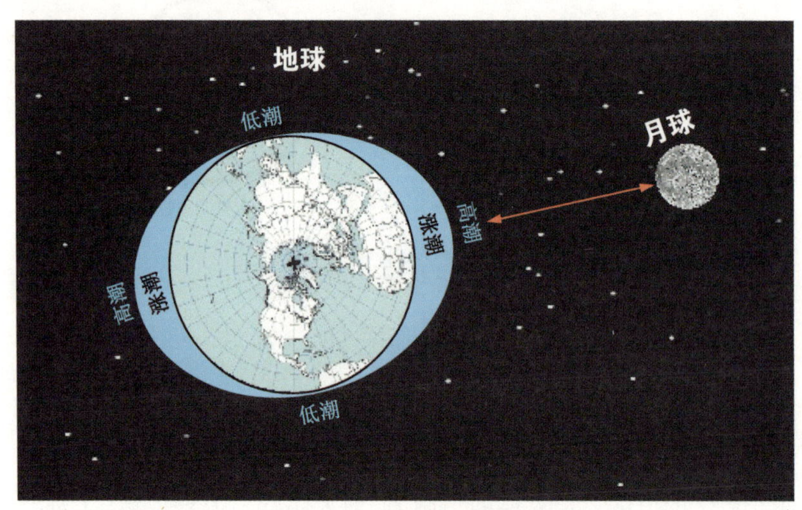

图 6-5 高潮和低潮

大潮与小潮

在农历每月的初七、初八(上弦月)和二十二、二十三(下弦月)左右,地球、月球、太阳形成直角,由于太阳和月亮对地球潮汐的影响部分相消,所以产生的潮汐高度也较低而被称为“小潮(Neap Tide)”。小潮时,高潮最低,低潮最高,潮差最小,如图 6-6 所示。

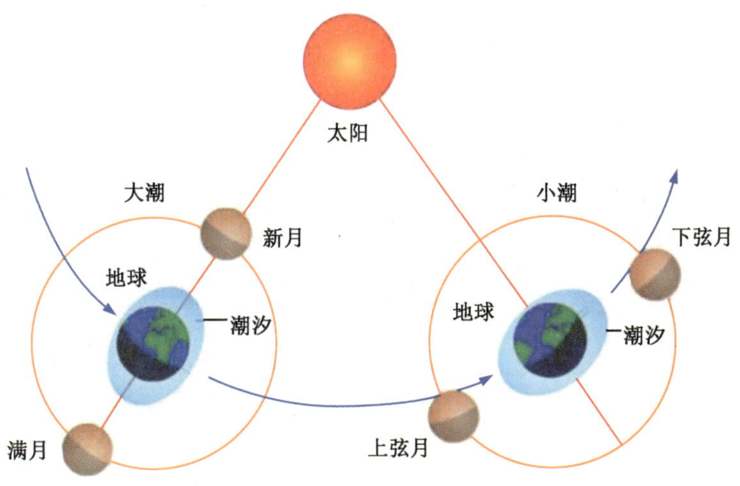

图 6-6　大潮与小潮

潮汐术语

平均海面

在不同的气象和天文条件下,海面的高度很不一致。平均海面是根据长期潮汐观测记录算得的某一时期内的海面平均高度。我国统一取黄海(青岛)的平均海面作为高程的起算面,即青岛验潮站水尺零点之上 2.38 m。

海图深度基准面

所有的海图上显示的水深都是相对于一个选定的水平面计算出来的,这个水平面叫作海图深度基准面。我国沿海地区一般采用理论最低潮面作为深度基准面;英版海图水深通常采用最低天文潮面作为起算面。潮高基准面是潮高的起算面,一般为海图深度基准面,如图 6-7 所示。

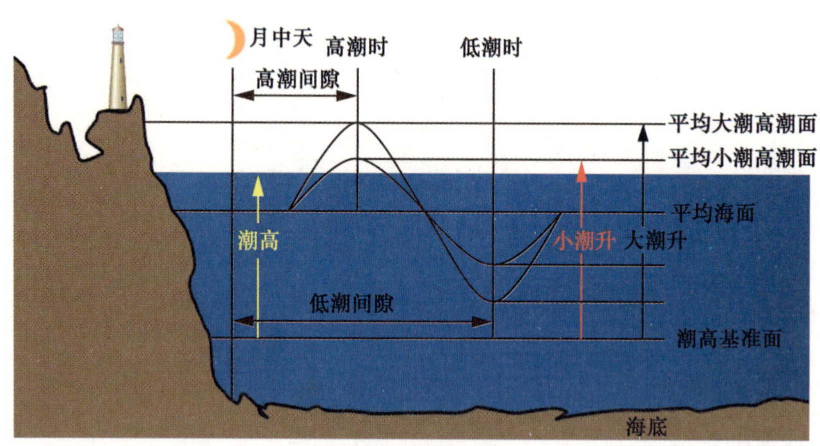

图 6-7　潮高基准面

涨潮与落潮

海面从低潮上升到高潮的过程,称为涨潮。其间的时间间隔称为涨潮时间。海面从高潮降低到低潮的过程,称为落潮。其间的时间间隔称为落潮时间。海面暂停升降的时间间隔称为平潮时间。

潮差

从潮高基准面到实际海面的高度叫潮高。高潮时的潮高叫高潮高;低潮时的潮高叫低潮高。相邻的高潮潮高和低潮潮高之差叫潮差。

平均大潮高潮面与平均小潮高潮面

平均大潮高潮面是根据长期潮汐观测记录算得的某一时期内大潮期间高潮位的平均值。

平均小潮高潮面是根据长期潮汐观测记录算得的某一时期内小潮期间高潮位的平均值。

大潮升是从潮高基准面到平均大潮高潮面的高度。

小潮升是从潮高基准面到平均小潮高潮面的高度。

高潮间隙与低潮间隙

从月球上中天或下中天时刻到其后第一次的高潮或低潮的时间间隔,称

为月潮间隙。月中天到第一次高潮的时间间隔,叫高潮间隙。一个月的高潮间隙的平均值叫平均高潮间隙。月中天到第一次低潮的时间间隔,叫低潮间隙。一个月的低潮间隙的平均值叫平均低潮间隙。利用平均高潮间隙和平均低潮间隙可以概算潮汐的时间。

潮汐类型

潮汐的形成及变化规律是建立在牛顿的潮汐静力学理论基础之上的,必须假设整个地球表面被等深的海水所覆盖,且海水之间没有摩擦力和惯性力等,因此当海水受到外力作用时,能立即和外力达到平衡状态。但实际上,世界大洋被大陆隔离成几个独立的海和洋,海洋的深度各地不一,海水受外力作用运动时,本身具有摩擦力和内聚力,陆地的形状也不规则,海底的地貌各不相同等原因,使沿岸实际潮汐现象相当复杂。

有的地方一天只有一次高潮和一次低潮,有的地方一天有两次高潮和两次低潮。根据潮汐性质可以将潮汐分为四种类型,即正规半日潮、不正规半日潮混合潮、正规日潮和不正规日潮混合潮等。

正规半日潮:在一个太阴日内会发生两次高潮和两次低潮。两次高潮和两次低潮的高度都相差不大,涨落潮的时间也很接近。

不正规半日潮混合潮:基本上还具有半日潮的特性,但在一个太阴日内相邻的高潮或低潮的潮位相差很大,涨潮时和落潮时也不等。

正规日潮:在半个月中有连续二分之一以上天数是日潮,而在其余日子则为半日潮。

不正规日潮混合潮:在半个月中,日潮的天数不超过 7 天,其余天数为不正规日潮。

中国近海的潮汐

中国近海的潮汐主要是由太平洋潮波传入引起的。海区直接受引潮力而产生的潮汐是很小的,主要受太平洋潮波影响。太平洋潮波经台湾省和日本

九州之间的水道进入东海后,其中小部分进入台湾海峡,绝大部分向西北方向传播,从而形成了渤海、黄海和东海的潮波。太平洋潮波经巴士海峡后,部分进入台湾海峡,其主支南下构成南海的潮波系统。

潮波在运动过程中由于受到地转偏向力和复杂的海底以及曲折海岸的影响,使中国近海的潮汐类型复杂,潮差变化显著。潮汐类型既有正规半日潮和全日潮,也有混合潮。潮差小的只有几十厘米,大的将近 10 m。潮流小的仅零点几节,大的可达 10 kn 左右。还有闻名中外的钱塘江暴涨潮和深入内陆 600 km 的长江潮,以及典型的北部湾全日潮。

渤海多为不正规半日潮,而秦皇岛及其附近由于地形特点的影响为日潮,黄河口外也为不正规日潮。渤海中部的最大可能潮差在 2 m 以下,近岸约 3 m,其中辽东湾及渤海湾顶部最大超过 5 m。

黄海除成山头附近局部海区是正规全日潮外,黄海大部分为正规半日潮。山东半岛北岸最大可能潮差为 2~3 m,辽东半岛东岸达 3~8 m,连云港附近及江苏沿岸在 4 m 以上。黄海东岸朝鲜一侧的潮差普遍比我国一侧大,韩国仁川最大潮差可达 12 m。

东海属于半日潮,东侧为不正规半日潮,西侧为正规半日潮。浙江、福建沿岸是我国潮差最大的地方,大部分地区最大可能潮差在 7 m 以上,杭州湾可达 8~9 m。

南海的潮汐比较复杂,以不正规日潮为多。广州湾、海南岛附近为不正规日潮,只有北部湾和琼州湾地区为全日潮。从厦门西南的浮头湾,一直到雷州半岛东岸和琼州海峡东口为不正规半日潮。海南岛西部和北部湾为全日潮。南海的潮差一般比东海小,其东部海域为 1~3 m,西部海域较大,北部湾最大可达 5~6 m。

中国近海的潮流比较复杂。渤海、黄海、东海除个别地方外,都是正规半日潮和不正规半日潮。渤海海峡有一全日潮的无潮点。黄海多为旋转式流,东海近岸多为往复式流,外海多为旋转式流,长江口附近佘山流为旋转式流,台湾海峡潮流为南北向流,南海潮流性质复杂,总的来说以日潮为主。潮流的大小与潮差成正比,潮差大的地方潮流也大,反之则小。流速通常近岸较大,外海较小,海峡、河口和水道等处的潮流更为明显。

渤海潮流的流速一般为 1~2 kn,秦皇岛附近为 2. 5~3 kn,渤海海峡老铁山一侧的流速最大可达 6. 3 kn。黄海潮流流速,海区中央小,约为 1 kn;东岸大于西岸;我国沿海在 2 kn 左右,成山头附近可达 3~4 kn;朝鲜沿岸平均 2. 5~3 kn,最大可达 4 kn 以上。东海潮流最大且复杂,佘山附近流速为 2~4. 5 kn;杭州湾北岸东部地区可达 5~6 kn,大潮时曾出现过 13 kn 的潮流;台湾海峡北出口不超过 2 kn;澎湖列岛以南可大于 2~3 kn。南海潮流较弱,海

区中央不超过 0.3 kn;沿岸多数在 1~2 kn;最大流速出现在琼州海峡,可达 5 kn 左右。

潮汐推算在航海上的应用

船舶在水面上航行,必须要有足够的水深,尤其是航线附近有浅滩时;同时,如果所经航道有横空障碍物,比如大桥、高空电缆等,必须保证船舶最高点不能触碰到这些障碍物。

过浅滩

当船舶要通过沿岸或港口的浅水区时,需预先依据潮汐资料计算出当地潮高(要求潮高越大越安全)和浅水区的实际水深,从而判断船舶是否能安全通过该浅水区,如下列公式及图 6-8 所示。

实际水深=海图水深+潮高

最小潮高=吃水+富余水深-海图水深

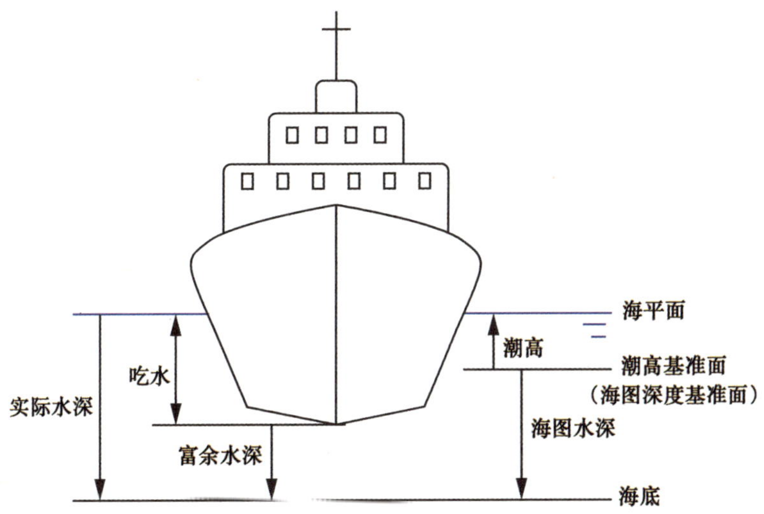

图 6-8　船舶过浅滩时最小潮高要求

过高空障碍物

船舶在某些航道航行，不仅要关注水深，如果航道的上空建有桥梁或高空电缆等，还必须考虑这些建筑物是否构成了船舶航行的空中障碍。为了安全通过这些障碍物，通过前需计算潮高（要求潮高越小越安全）（见图 6-9）。

最大安全潮高 = 大潮升 + 净空高度 − 水面最大高度 − 安全余量

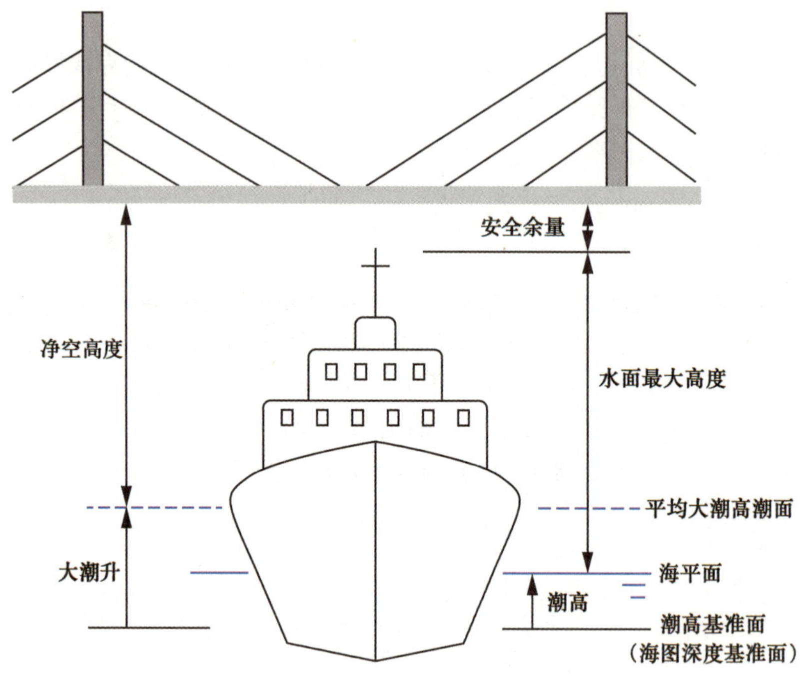

图 6-9　船舶过横空障碍物时最大潮高要求

潮流

潮流（Tidal Stream）是海水周期性垂直运动的同时产生的海水周期性水平方向的流动。潮流分为往复流和回转流两种。通常，回转流较往复流更为复杂。

往复流

受地形的影响,往复流的涨潮流和落潮流流向相反或基本相反。图 6-10 为海图上涨潮流图式,图 6-11 为落潮流图式。箭矢的方向为流向。箭矢上方的数字表示流速,如果只给出一个数字,表示大潮日的最大流速;如果给出两个数字,则较大的数字为大潮日的最大流速,较小的数字为小潮日的最大流速。

图 6-10　涨潮流　　　　图 6-11　落潮流

回转流

回转流是在一个潮汐周期内,潮流流向随着时间顺时针(或逆时针)变化 360°,流速也随之变化的潮流。

图 6-12 为某海图回转流图示。"青岛"表示该地主港为青岛。箭矢方向为流向。最外圈数字表示不同时间:0 表示主港青岛高潮时;1,2,3…表示主港高潮前第 1,2,3…h;Ⅰ,Ⅱ,Ⅲ…表示主港高潮后第 1,2,3…h。箭矢顶端的数字表示流速,较大的数字是大潮日的最大流速,较小的数字是小潮日的最大流速。

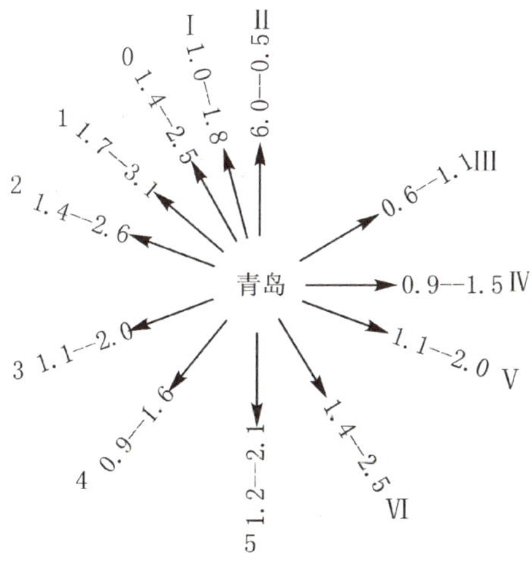

图 6-12　回转流

潮流是海流形成的主要因素。流向是指去向，比如，从我国台湾省至日本的黑潮，是北流。而风向是指来向，比如，北太平洋区域冬季常刮东北季风，是指风从东北方向刮来。

海洋中除了有由引潮力引起的潮汐运动外，还有海水沿一定途径的大规模流动，这便称为洋流。洋流是指大洋表层海水常年大规模地沿一定方向进行的较为稳定的流动。

引起洋流运动的主要动力因素是风，也可以是热盐效应造成的海水密度分布的不均匀性。前者表现为作用于海面的风应力，后者表现为海水中的水平气压梯度力。加上地转偏向力的作用，便造成海水既有水平流动，又有垂直流动。其中盛行风是风海流的主要动力。由于海岸和海底的阻挡和摩擦作用，洋流在近海岸和接近海底处的表现，和在开阔海洋上有很大的差别。

若洋流的水温比到达海区的水温高，则称为暖流；若洋流的水温比到达海区的水温低，则称为寒流。

你知道吗

风力作用于海面时，可同时产生波浪运动和使海水向前运动的海流，这种海流称为风海流。由于地转偏向力的作用，表层风海流的流向在北半球偏于风的去向之右约45°；在南半球则相反，为偏于风的去向之左约45°。

第七章 航次计划

航次计划(Voyage Plan)通常是指船舶在接受新的航次任务后，拟定从一个港口泊位航行到另外一个港口泊位的过程中，有关航行安全保证的具体措施与对策。航线设计是指船长收到航次命令后，设计一条从一个港口泊位到另一港口泊位的安全经济的航线。航线设计是航次计划的重要组成部分。

怎么定义航次

航次(Voyage),是指船舶在营运中完成一次运输生产任务的周期,每年由若干航次组成。船舶的一个航次的开始时间是其上一航次的结束时间。

一个航次所经历的时间,称为航次时间。当客、货船(驳)空放单独计算航次时,其航次时间一般从船舶上一航次终点港卸货(或下客)完毕时起,至空放抵达新的终点港时止。定期班轮的航次时间,可按班期时间计算。运输推(拖)船则将驳船送达终点港的锚泊地或将驳船转交另一推(拖)船换推(拖),本船收毕推(拖)缆,或者将驳队送达终点港并分别推(拖)驳船靠好岸的时间作为本航次结束与新航次开始时间。新建船舶及修理完毕重新参加营运的船舶,其航次时间的计算以调度命令为准。

船舶的航次是连续计算的,即上一个航次的结束,意味着下一个航次的开始,除非船舶进船坞维修。航次编号和起止时间必须在航海日志中详细记载。在航次结束前,船公司或者租家一般以航次命令的形式提前下达下一航次的营运任务。航次编号通常以数字表示,如 V2401 表示 2024 年第一航次。

航次是船舶运输生产活动的基本单元，是考核船舶生产效率和经济效益的基础。

航次是船舶从事客、货运输的一个完整过程，是一种生产过程，包括装载、航行、卸载等各环节，也称为船舶运输的生产周期。

航次通常分为预备阶段、装货阶段、航行阶段和卸货阶段。

预备阶段是指船舶开往装货港的阶段。装货阶段是指船舶抵达并停靠装货港、等待泊位和装载货物的整个阶段。航行阶段是指船舶离开装货港开往卸货港的整个阶段。卸货阶段是指船舶抵达卸货港、等待泊位和停靠码头卸货的整个阶段。

制订航次计划

航次计划内容覆盖面较广，要求结合航行实际，充分考虑航次中的本船技术状况、外界因素，综合利用航海技术的专业知识。航次计划制订得好坏将直接关系到船舶和海上人命的安全，以及海洋环境的保护。

对于不同的船舶、不同的海上环境，航次计划的内容各有差异，但总体而言，航次计划的主要内容应该是一致的。船长收到公司的航次指令后，应召开航次会议，参会人员包括轮机长、大副、二副、三副、管事（或大厨），商议航次相关事项，布置任务，如图 7-1 所示。

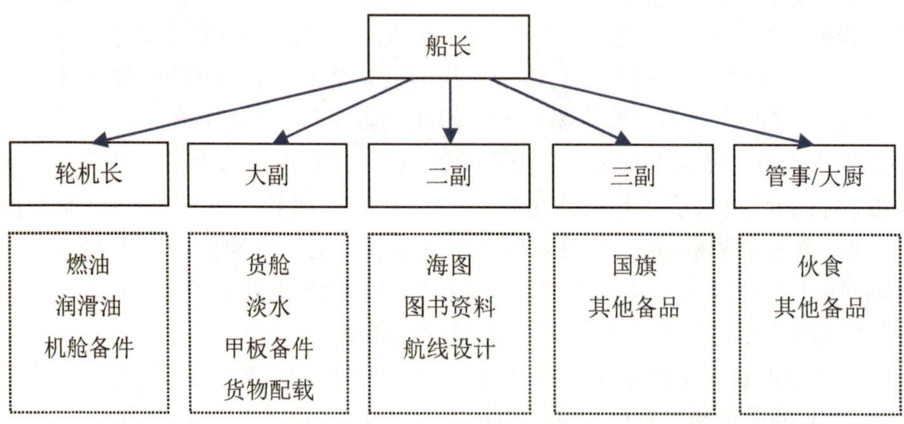

图 7-1 航次计划任务分配

航次计划的主要内容包括航行前航海图书资料的准备和改正、各种助航仪器的检修与测试、人员配备和载货（卸货）计划的完成、淡水燃油及日用品的配备、航线设计、开船时间和航行时间及过重要水域时的计算、航行中重要水域或狭水道的航法研究、跨洋航行时大圆航线的起始点和到达点的选定、航线在某海区可能遭遇的海况及恶劣天气、到达港的概况（如通信、引航以及航道特征）等。

船长负责航次计划的制订，但部分内容可以交由驾驶员完成。船长起到计划、指导、审核和补充的作用。通常二副负责航线设计工作，航线设计是航次计划的一个重要组成部分。一般说来，二副应协助船长完成以下工作。

仔细研究必要的航海图书资料，了解出发港和目的港之间的水文气象条件，并根据航次气象、海况条件结合船舶载货以及船员应变能力选择航线，在总图上粗略画出航线，求取概略航程。这些工作要求船舶备妥整个航线所涉及的海图和必要的出版物（其中包括某些地方规则），并改正到使用之日。

根据概略航程和航速，估算所需航行时间，初步确定进出港及通过重要航区和水道的时间，从总体上将航线分段（如港口附近、沿岸航段、大洋航段等）考虑，初步拟定航行措施，如航法、定位、避险、遭遇恶劣天气时的应急预案等。

根据航海图书资料和航行经验，结合船舶载货、船员素质及航次气象因素确定航线，并为该航线配备好海图，在海图上预画计划航线，并进行必要的海图标注，列出航行措施等。

怎么设计航线

航线设计（Passage Planning）工作是制订航次计划的主要环节，是船舶完成航次任务的一项十分重要的工作。船舶在接到公司（租家）的航次指示后，二副应在船长的指导下，做好航线设计工作，最后经船长审核批准后执行。这不仅直接关系到船舶的航行安全，也关系到船舶、公司的经济效益。航线设计工作主要分为准备阶段和实施阶段。

航线设计的基本原则是安全和经济，并且是从始发港的泊位到目的港的泊位。

安全是船舶营运生产的前提。在设计航线时应充分考虑船舶自身条件、外界条件（水文气象等），保证船舶与陆地、危险物之间有一定的安全距离。

经济是船舶营运生产的动能。如果船舶营运生产不能产生经济效益，船

航海

舶也就没有存在的价值。在航运业，时间就是金钱。因为船舶租金是按时间来计算的。在航线设计时，应充分考虑尽量缩短航行时间。通常而言，航程最短则航时最少，但也要充分考虑气象和水文要素。顺流航行能减少航时，尤其是借助洋流。

恒向线航线设计

船舶沿岸航行时，通常采用恒向线航线。接到航次命令后，研究航区的气象水文要素、航路指南等资料，结合本船条件，绘制一条安全、经济的航线。

如果船舶始终按恒定的航向航行，则船舶航行的理想轨迹在地球表面上是一条曲线，叫作恒向线（Rhumb Line），如图 7-2 所示，粗体曲线为真航向060°的恒向线。

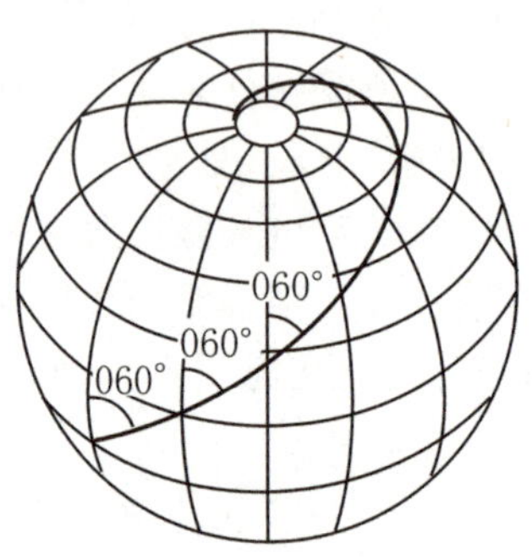

图 7-2 恒向线

恒向线是地球上两点之间与经线处处保持角度相等的曲线。恒向线航线不是航程最短的航线，但却是操作极为方便的单一航向航行的航线，即在墨卡托海图上从起点到终点的一条直线。在低纬度或航向接近南北时，它的航程和大圆航线的航程差别很小。

在无特殊原因的情况下，应尽可能采用航路指南中的推荐航线，包括采用分道通航航路。不使用分道通航制的船舶应尽可能远离该区域。

在能见度良好的情况下，船舶应与陡峭无危险物的海岸保持 2 n mile 以上的距离。一般大船应以 20 m 等深线作为警戒线，小船应以 10 m 等深线作为警戒线。至少应在本船二倍吃水水深以外航行。在夜间或能见度不良、定位又有困难时，应在离岸 10 n mile 以外航行。

通常在能见度良好的情况下，航线附近有显著物标可供定位和避险时，航线与精测危险物之间的距离至少应保持在 1 n mile 以上。

在原则上，航线至危险物的距离，应大于船舶通过该危险物时船位可能偏

离航线的最大距离。如定位条件难于保证安全避离危险物，则宁可绕航。任何时候都不应为缩短航程而过分靠近危险物。

转向点的选择应从转向前后的两条航线综合考虑，因为转向点是两条航线的交点。

沿岸航行时，应尽量选择转向一侧的正横附近显著固定物标作为转向物标，如灯塔、立标、岛屿、山峰或灯船等。应避免选用平坦的岬角或浮标作为转向物标。应避免在危险物附近转向，切忌向危险物所在方向做大角度的转向。

怎么绘制航线呢？

首先，在总图上先画出起点和终点之间的最短航线。在总图上将起点和终点用直线连接，如航线附近有碍航物（岛屿、礁石、浅点和禁航区等）需要修正航向，则在相应的航行图上以该碍航物为圆心，以到该障碍物的安全距离为半径画一个警戒圈，然后在每两个相邻的警戒圈上画一条切线，这样在每个障碍物的附近都会有两条切线，而这两条切线的交点就是绕过该障碍物应使用的转向点。

其次，连接各个转向点，就绘制出了安全航线。在实际操作中，经常是绕过两个障碍物之间的航线又会距另外的障碍物过近，这样又要重新确定新的转向点，所以一个符合最安全最经济要求的转向点往往是需要反复调整试验几次才能最后确定的。

再次，绘制航行计划表。转向点确定后，需计算出各段航线的计划航向和航程，并标绘在海图上。表 7-1 为某公司的航行计划表。

表 7-1 航行计划表

No.	转向点位置		计划航向	计划航程	累计航程	定位方法	定位间隔	海图	备注
	纬度	经度							
1									
2									
3									
4									
⋮									

最后，进行海图标注。海图标注是完整的航次计划中必不可少的一部分，详细而规范的海图标注是航行安全的重要保障。

海图标注主要起到提示作用，可以使值班驾驶员更直观、更顺利地完成值班任务。海图标注主要包括航线信息、更换海图信息、标绘禁航区、避险方法、安全航速指令、至危险物距离、应急计划、报告信息、叫船长时机、备车时机等。

随着各种电子定位导航设备特别是GPS、ECDIS的普及,驾驶员在定位方面的压力大大减轻,但在设计航线,尤其是设计沿岸航线时,还是要考虑到陆标定位的方便程度,因为在沿岸航行时较多使用的依然是陆标定位和导航。

大圆航线设计

大洋航线就是远离海岸的航线,选择一条安全经济的最佳航线,是设计大洋航线的关键。大洋航线可采用恒向线航线、等纬圈航线、大圆航线和混合航线等。

恒向线航线不是航程最短的航线,却是操作极为方便的单一航向航行的航线,即在墨卡托海图上从起始点到目的点的一条直线。在低纬度或航向接近南北时,它的航程和大圆航线的航程差别很小。

等纬圈航线是恒向线航线的特例,当出发点与到达点位于同一纬度时,可沿等纬圈航行,即计划航向为090°或270°的航线。

大圆航线是地面上两点间航程最短的航线。但它与所有子午线相交成不等的角度,即沿大圆弧航行,必须不断地改变航向。在实际的航线设计中,都是采用分段的方法,以大圆弧分点间恒向线折线来代替两点之间的大圆弧航线。在高纬度而且航向接近东西向时,采用大圆航线比恒向线航线航程要缩短许多。

所谓大圆航线,是将大圆弧分成若干小段,每一小段仍走恒向线。实际上,它以大圆弧分点间恒向线折线来代替两点之间的大圆弧航线。大圆航线分段的原则是:一般都是以一天左右的航程,即每隔5°~10°经度作为一个分段。

在墨卡托海图上绘画大圆航线的方法有大圆海图法、天体高度方位表法、大圆改正量法和公式计算法。最常用的绘画大圆航线的方法是大圆海图法。

① 查阅《世界大洋航路》等资料,确定大圆航线的起止点。

② 抽出相应洋区的大圆海图,将起止点画在大圆海图上,用直线连接大圆航线的起止点就是大圆弧航线,如图7-3所示。

③ 在直线上每隔经差5°~10°取一分点,并将各分点的坐标经纬度从大圆海图上读出来。

④ 将各分点的经纬度先移到总图上,并用直线连接相邻的分点,便得到折线状的大圆航线,如图7-4所示。总图的比例尺相对大圆海图要大一些,障碍物的情况也标注得要详细一些,此时需要再次核对航线与障碍物的安全距离,必要时可对航线做小的调整。

⑤ 使用GPS计算或量出各分点间的恒向线航向和航程,最后将各转向点

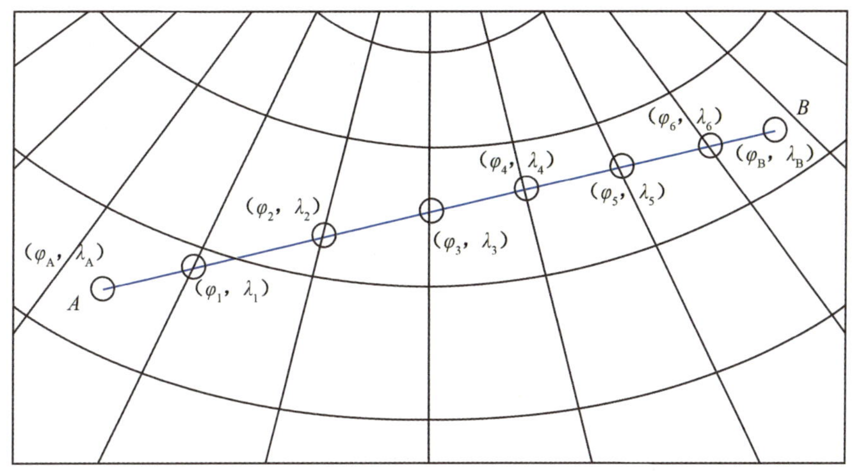

图 7-3 大圆航线设计(1)

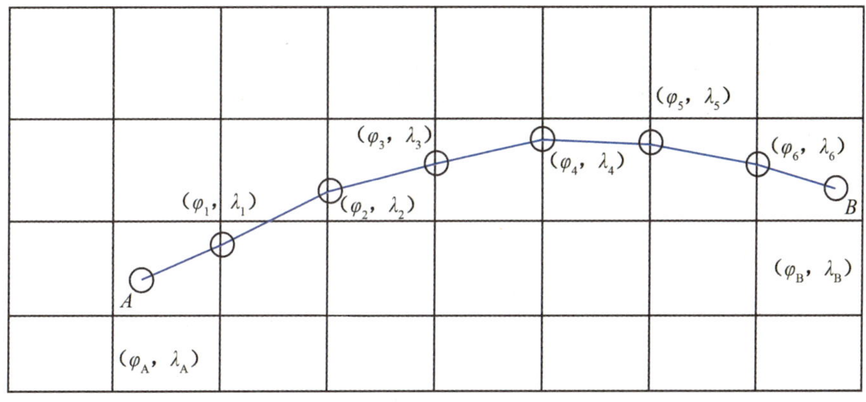

图 7-4 大圆航线设计(2)

和各段的航向航程列表备用。

⑥ 将各转向点转移至相应的航用海图上,按恒向线航线设计的方法完成航线设计工作。

大圆航线经过的海区纬度比较高,高纬度地区气象条件都比较恶劣,如北太平洋除有阿留申群岛阻隔外,冬季多风暴、夏季多雾;北大西洋多冰山;南半球中高纬有咆哮西风带。因此,所选航线不希望超越某一纬度,这个纬度叫限制纬度。在有限制纬度时的最短航程航线,称为混合航线。

拟定混合航线之前需认真阅读资料,确定限制纬度 φ_L;然后在大圆海图上,由起航点 A 作与限制纬度圈相切的直线 AM(M 为切点),AM 为大圆航线;接着由到达点 B 作与限制纬度圈相切的直线 BN(N 为切点),BN 同样为大圆航线;限制纬度圈上由 M 到 N 为等纬圈恒向线航线;最后将大圆航线与等纬

圈航线上各个分点坐标转移到航用海图上,画出混合航线,如图 7-5 所示。

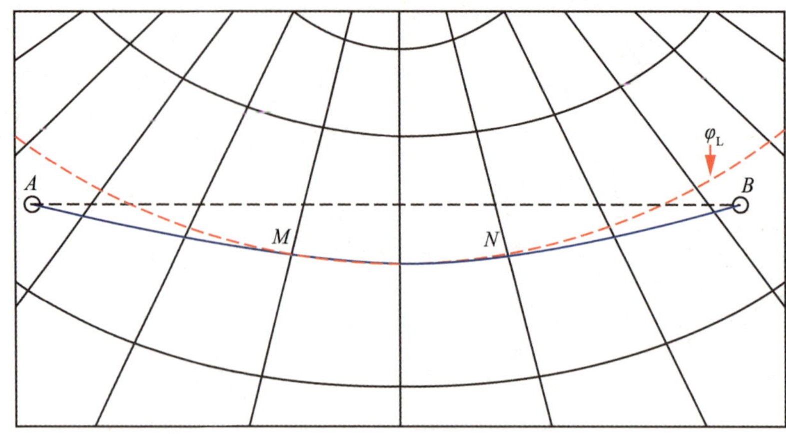

图 7-5　混合航线设计

“气导”是什么意思

各种航路图和《世界大洋航路》所推荐的航线,是以航经海区在某季节的平均天气状况而拟定的,故称之为气候航线。

船舶气象定线又称船舶气象导航。它是指由岸上专门机构,根据近期内航经海区的天气预报与海况预报,包括 1~3 天准确的短期预报和 3~7 天甚至 10 天左右的中、长期预报,结合船舶性能、船型、装载特点和航行任务等因素,制定一条既经济又安全的最佳航线。气象导航所推荐的航线,称为气象航线。

气象定线使船舶航行安全水平明显提高,可减少船体损害和货损、缩短航时、节省燃料,提高船舶营运经济效益。

船舶气象导航所考虑的主要因素包括气象和海况、船舶、货物和营运等因素。

气象和海况是船舶气象导航主要考虑的因素。气象包括台风、锋面气旋和冷高压等天气系统引起的天气现象;海况包括风浪和涌等。大范围的天气和海况预报是船舶气象定线的基础和关键。

船舶因素包括船型、航速、吃水、稳性、甲板装载、压载、海上操纵性能和导航设备等。

货物因素包括货物对温度的要求和货物的海上保护等。

营运因素包括船期计划和保险限制等。

气象导航的一般程序包括申请气象导航、制订航行计划、航行途中联络和航次总结等方面。

在船舶开航前 24~48 h,由船舶或船舶所属公司向有关气象导航机构提出申请,以电报或其他通信方式把船舶名称、预计启航时间、出发港、目的港、货物情况、船长特殊要求等信息通知气象导航机构。

气象导航机构收到船舶申请后,将适时通过启航港代理人向船长转递推荐航线和有关海域的天气、海况预报以及导航意见。

如果临近开航或已开航才申请气象导航,则可通过导航机构指定的电台或船长在申请中指定的电台获取推荐航线和导航意见。

船舶收到气象导航机构的推荐航线和导航意见后,应在认真分析的基础上制订本船的航行计划,确定计划航线。

在航行中船长应将下列各项情况通知气象导航机构:

① 开航后将实际启航时间电告气象导航机构,导航机构实施跟踪导航。

② 每两天一次,将中午船位电告气象导航机构,电报内容包括船名、呼号、日期、时间、经度、纬度、天气及海况。

③ 在正常天气情况下,气象导航机构也每两天一次电告船舶新的导航意见及天气、海况预报。

④ 在航行途中,船舶如果不是由于天气影响而降低船速或停止前进,必须立即电告气象导航机构,以便他们掌握船舶动态。船舶抵达目的港后应尽早电告到达的时间。

本航次气象导航结束后,气象导航机构向气象导航申请公司提供一份完整的气象导航总结报告(副本送给船长),内容包括整个航程的天气、海况分析,每天世界时 12 时的推算船位、航速、风向、风速、浪向、浪高和受大风的天数以及平均航速等,并绘制航迹图。此外,还包括所有来往电报。

气象导航机构所推荐的航线仅仅是航行建议,完全是咨询性质的,行驶在推荐航线上的船舶如果发生损失或意外事故,气象导航机构不负任何法律责任。船长在任何情况下都对航行负有全责,其中也包括对航线的选择。

气象定线是寻求一条能避开最险恶风浪区的经济航线,在推荐航线上并非一定风平浪静。那种认为接受了气象导航服务,就不会遇到风浪的想法,是一种极大的误解。

采用气象航线时,要有雾航和在高纬度冰区航行的准备。气象导航机构认为,对于全年多雾的北大西洋和北太平洋中高纬海域来说,完全避开雾区是不可能的。气象导航机构推荐的航线,有时纬度较高,特别是西航的跨洋航线,冬季在高纬度海域可能会遇到海冰。

海上航路

全球各地水域，在港湾、潮流、风、水深及地球球面距离等自然条件限制下，可供船舶航行的一定径路，称为航路。海上运输承运人在许多不同的航路中，在主、客观因素影响下，为达到经济效益最大化所选定的营运航路称为航线。

航线的形成主要取决于安全、货运、港口和技术等因素。航线的形成过程是航运市场激烈竞争的过程。从航运企业的角度看，开辟航线意味着抢占市场。撤销旧航线意味着战略调整和寻找新的发展契机。

海上航线从不同的角度有不同的分类方法，包括按船舶经营方式、航程远近范围和航线水域等。

按船舶经营方式，航线分为定期航线和不定期航线。

定期航线又称为班轮航线，是指使用的船舶，以固定的船期、固定的航线，靠泊固定的港口，以相对固定的运价经营客货运输的航线。

世界上第一条定期航线

世界上第一条定期航线是大英轮船公司（Peninsular and Oriental Steam Navigation Company，简称 P&O）建立的。1845 年，大英轮船公司取得在东方经营航运的皇家特许状，航线由锡兰（今斯里兰卡）延长到中国香港，在香港设立分支机构和船坞、码头，英国政府则每年给予这一延长航线 45 000 英镑的补贴（或者 12 先令/延长海里）。在英国南安普敦和中国香港之间每月往来一次定期航行，后又将航线延长到中国的上海和日本的横滨。定期航行一般由航行于该航线的一家或数家航运公司组成航线班轮公会，统一调配船舶，统一收取运费。航线班轮公会一般在每年年初公布航期表，便于货主掌握船舶动态。

现在定期航线主要是集装箱运输航线，世界三大主干航线包括亚洲—北美（泛太平洋航线）、北美—欧洲（大西洋航线）和欧洲—亚洲（欧亚航线）。

不定期航线是与定期航线相对而言的，指使用不固定的船舶，以不固定的船期，行驶不固定的航线，靠泊港口不固定，以租船市场的运价，经营大宗、低价货物运输业务为主的航线。

按航程远近范围，航线可分为远洋航线、近洋航线和沿海航线。

远洋航线

远洋航线是指航程距离较远，船舶航行跨越大洋的运输航线。比如，船舶从东亚港口出发跨越太平洋航行至北美各港口的航线就是典型的远洋航线。国际贸易货物运输主要通过远洋运输来完成。

近洋航线是指本国各港至邻近国家港口的海上运输航线。比如，由我国各港东至日本海，西至马六甲海峡、南至印度尼西亚沿海、北至鄂霍次克海的各海港的航线，都属于近洋航线。

沿海航线通常是指各国沿海港口之间的运输航线。比如，我国海岸线总长度约 32 000 km。其中，北起鸭绿江口，南至北仑河口，长约 18 000 km 的海岸线为大陆海岸线。我国沿海港口之间的水上运输航线就是沿海航线。

按照航行水域范围，航线可分为太平洋航线、大西洋航线、印度洋航线和北极航线。

太平洋航线主要是横跨北太平洋的航线和东亚、东南亚与大洋洲之间的运输航线。太平洋航线除承担太平洋沿岸地区的货物运输外，还连接北美大西洋沿岸、墨西哥湾沿岸各港形成通往美国中西部的内陆联合运输，是目前世界上最繁忙的航线。

大西洋航线以美国东岸为中心，由北美东岸、五大湖和西北欧、地中海之间的航线组成，其所处的海域除了北大西洋和南大西洋外，还包括地中海、黑海、波罗的海等海域。北大西洋航线沟通了经济发达的西欧与北美，通过一些河道还深入许多发达国家的经济腹地，运输量巨大，是世界航运业中最繁忙的航线。

印度洋航线主要有横贯印度洋东西的大洋航线和通达波斯湾沿岸产油国的航线。印度洋航线以石油运输线为主，包括从亚太地区及大洋洲横越印度洋西行的航线和从欧洲、非洲横越印度洋东行的航线，基本上是沟通三大洋的航线。在这组航线上，东端的马六甲海峡和西端的苏伊士运河是两个枢纽。波斯湾输油航线一面西行至欧洲和北美洲的美国，一面东行至亚太地区。

北极航线是指穿过北冰洋，连接大西洋和太平洋的海上航线。北冰洋洋面大部分常年冰冻，地理位置特殊，货运量小。但随着地球气候变暖，北冰洋冰层开始融化，通过北冰洋可大幅度降低从俄罗斯西伯利亚油田港口输出的石油运输成本。按照覆盖地理区域的不同，习惯上将商船穿过北冰洋的海上航线分为东北航线（绕过西伯利亚北部，也称为东北航道）和西北航线（绕过加拿大北部，也称西北航道）。

东北航线通常是指西起西北欧北部海域，东到符拉迪沃斯托克，途径巴伦支海、喀拉海、拉普捷夫海、东西伯利亚海、楚科奇海和白令海峡的海上运输路线；西北航线是指东起戴维斯海峡和巴芬湾，向西穿过加拿大北极群岛水域，到达美国阿拉斯加北波弗特海的海上运输路线。

从上海途经苏伊士运河到伦敦的总航程约为 10 400 n mile，如果取道东北航线，航程约为 8 000 n mile，航程可缩短 2 000 n mile；从上海途经巴拿马运河到格陵兰的努克港的总航程约为 13 100 n mile，如果取道西北航线，航程约为 6 000 n mile，航程可缩短 7 000 n mile 左右。

除了东北航线和西北航线，还有北极点航线，是指从白令海峡出发，直接穿过北冰洋中心区域到达格陵兰海或挪威海。由于北冰洋中心区域常年冰雪覆盖，海冰密集和厚实，目前商船还难以通过。北极点航线主要用在科考和旅游上。

你知道吗

汽车在公路上行驶，驾驶员可以利用安装在车里的导航仪（GPS 或北斗定位系统）进行导航，只要输入目的地，导航仪会根据优先条件自动生成一条路线，十分方便。目前船上的导航仪还不能自动生成航线，因为海洋实在太复杂了，科学家也正在努力实现自动设计航线这一目标，为无人驾驶创造条件。

第八章 大洋航行

世界贸易量日益扩大，船舶跨大洋航行（Ocean Navigation）成为常态。大洋航行是跨洋长距离航行。比如，商船从我国上海港出发航行至北美西部港口，就是横跨北太平洋航行。

四大洋

海洋，是财富的汇集之处，也是希望的聚集之处。海洋，是地球上大部分生物的栖息地。

传统意义上，地球包括四大洋：太平洋（the Pacific Ocean）、大西洋（the Atlantic Ocean）、印度洋（the Indian Ocean）和北冰洋（the Arctic Ocean）。海洋面积为 36 100 万 km^2，其中，太平洋占 49.8%，大西洋占 26%，印度洋占 20%，北冰洋占 4.2%。

太平洋

太平洋一词最早出现于 16 世纪 20 年代，是由大航海家麦哲伦及其船队首先命名的。1519 年 9 月 20 日，麦哲伦率领的探险队从西班牙启航，西渡大西洋，他们顶着惊涛骇浪到达了南美洲的南端，进入了一个海峡（后来被称为"麦哲伦海峡"）。这个海峡的气象和自然条件更为险恶，到处是狂风巨浪和险滩暗礁。经过多日的艰苦航行，船队终于到达了麦哲伦海峡的西端，然而此时船队仅剩下三条船了，队员也损失了一半。

又经过 3 个月的艰苦航行，船队从南美越过关岛，来到菲律宾群岛。这段

又经过3个月的艰苦航行,船队从南美越过关岛,来到菲律宾群岛。这段航程没有遇到一次风浪,海面十分平静,原来船队已经进入赤道无风带。饱受了先前滔天巨浪之苦的船员高兴地说:“这真是个太平洋啊!”从此,人们把美洲、亚洲、大洋洲之间的这片大洋称为“太平洋”,并被全世界承认。

太平洋是世界上最大、最深、边缘海和岛屿最多的大洋,位于亚洲、大洋洲、南极洲和南、北美洲之间。太平洋面积约为17 967.9万km^2,南北最长约15 500 km,东西最宽约19 800 km,平均水深约4 280 m,最深处为马里亚纳(Mariana)海沟,水深达11 034 m。

对航海人来说,太平洋的天气并不像麦哲伦船队的水手们说的那样太平,尤其是北太平洋。冬季的北太平洋,受东北季风影响,风浪很大,在高纬度地区,12级风也经常能遇到;夏秋季,由赤道以北生成的热带低压,很大概率会演变成台风,侵袭菲律宾、我国沿海、日本诸岛等地区。

大西洋

大西一词,出自古希腊神话中大力士阿特拉斯的名字。传说阿特拉斯住在大西洋中,能知任何一个海洋的深度,有擎天立地的神力。1845年,伦敦地理学会统一定名南、北美洲和欧洲、非洲、南极洲之间的水域为“大西洋”。

大西洋是世界第二大洋,面积约为9 336.3万km^2,南北最长约14 120 km,东西最宽约7 900 km,平均水深为3 597 m,最深处为波多黎各(Puerto Rico)海沟,水深达9 218 m。大西洋北接北冰洋,南面与南极连接。

大西洋北部盛行东北信风,南部盛行东南信风。温带纬区地处寒、暖流交汇的过渡地带和西风带,风力最大。在南北纬40°~60°多暴风;在北半球的热带纬区5~10月常有飓风(也就是台风)。

印度洋

1497年,葡萄牙航海家达·伽马绕道非洲好望角,向东寻找印度大陆,将所经过的洋面称为印度洋。1570年的世界地图集正式将此水域命名为“印度洋”。

印度洋是世界第三大洋,面积约为7 492万km^2,南北最长约9 600 km,东西最宽约7 600 km,平均水深为3 741 m,最深处为瓜哇(Java)海沟,水深达7 729 m。印度洋西南以通过南非厄加勒斯角的经线同大西洋分界,东南以通过塔斯马尼亚岛东南角至南极大陆的经线与太平洋连接。

印度洋气候有明显的热带海洋性和季风性特征。夏季(5—10月)强劲的西南风从海洋吹向大陆,由于刮风时间长,易形成涌浪,即使是船长超过300

m 的超级油船，在印度洋航行，也如一叶扁舟，摇晃剧烈。

北冰洋

北冰洋位于北极，洋面终年冰封，故得名北冰洋。1845 年，它在伦敦地理学会上被正式命名。

北冰洋是世界第四大洋，面积约为 1 475 万 km^2，平均水深为 1 225 m，最深处为莫雷洞(Molloy Hole)，水深达 5 527 m。北冰洋位于北极周围，大致以北极为中心，被亚欧大陆和北美大陆所环抱。

北冰洋气候寒冷，洋面大部分常年冰冻。冬季，80%的海面被冰封住，就是在夏季，也有一多半的海面被冰霸占。

你知道吗

2021 年的 6 月 8 日，也就是“世界海洋日”，美国国家地理学会宣布了最新的地图政策，正式承认南大洋。它是南纬 60°线围绕着南极洲的海洋，是太平洋、印度洋以及大西洋南部海域的延伸。

大洋航行特点

人类的航海探险活动都是从沿岸航行开始的，随着航海技术的不断进步，航海活动离岸也就越来越远，乃至跨大洋到达未知的彼岸。相比于沿岸航行，船舶在大洋航行，航线离岸远，无法利用岸上的陆标进行定位。大洋航行时间长，以航速 15 kn 的船舶为例，从我国上海港跨北太平洋航行至加拿大的温哥华港，总航程约为 5 000 n mile，大概需要半个月。由于航行时间长，船员心理压力比较小，但也容易感到枯燥无聊。

大洋的气象、海况变化大，在高纬度海域，冬季风浪都比较大；印度洋在 5—10 月受西南季风的影响，涌浪大，对绝大部分船舶来说，夏季跨印度洋航行都会是难熬的历程。

大洋环流对航行在大洋的船舶影响较大，如果是顺流，航速会增加，总航时减少；反之，航速会降低，航时增加。

大洋范围广，大部分船长和驾驶员对航行海区不够熟悉，只能查阅《世界大洋航路》《航路设计图》《航路指南》等航海图书资料，以确定航线和制订航行计划。

大洋航行也有其有利的一面，如大洋宽广、水较深、障碍物少，航线有较大的选择性。一般在纬度高的海区，气象条件差，风浪较大，对于船龄大、船况差的船舶，可以选择纬度稍低的海区航行，虽然航行距离远些，但航速可能更快，航时更少，经济效益更高。

大洋航线选择

大洋航线有较大的选择性，为了选择最佳方案，船长和驾驶人员必须充分研究大洋航线上复杂的水文气象资料，以及本船和他船的实际航行经验，充分了解航区的详细情况。

气象条件

查阅相关资料，比如《世界大洋航路》《航路设计图》《航路指南》以及有关气候图等，综合中长期天气预报，仔细分析，充分考虑本航次可能遭遇诸如盛行风、季风、热带气旋等大风和灾难性天气及雾的可能性，比如纬度30°和60°间盛行的西风带，印度洋北部夏季的西南季风，北太平洋和北大西洋冬季气旋的强烈活动，西北太平洋夏季热带气旋的频繁出现，大西洋的纽芬兰、英吉利海峡附近和太平洋的北海道东南岸、千岛群岛、阿留申群岛及美洲西海岸的夏季浓雾等。

海况

大洋航线附近的海况，包括海流、海浪、流冰和冰山对船舶的安全都有很大的影响。

（1）海流

近海海流主要受季风影响，在北半球，风生流的流向，在表层比风的去向偏右约45°，在深层流向偏右更多，流速变小。南半球的风生流的偏向与北半

球的情形相反。大洋环流与盛行风带有密切关系，还受海洋中热辐射和海水盐度等影响。

(2)海浪

海浪对航行的影响，主要是威胁船舶的安全，大大降低船舶航速。实践证明，逆风时的减速作用，要大大超过顺风顺浪时的增速作用。波浪只是在波长较小时，顺浪才有增速作用，否则，如果波长很大，即使是顺浪也会降低航速。因此，避开逆风逆浪比利用顺风顺浪显得更为重要。

当船舶因为受海浪影响而剧烈晃动时，船员可能会晕船，从而影响值班等日常工作。

(3)流冰和冰山

根据航行时间，要注意航次可能遇到的冰情。冰山多见于大西洋纽芬兰附近，对北大西洋航线影响较大。

障碍物

大洋中虽然碍航物不多，但如果航线离一些岛屿、礁石过近，可能会对船舶航行造成影响。因此，在航线设计时，应注意和岛屿、礁石保持足够的安全距离。

本船条件

在选择大洋航线时，必须充分考虑本船条件，包括船型、吨位、吃水、航行性能、船速、续航能力等，对相关船员的适航能力和熟练程度，以及货载情况等做到心中有数。

大洋航行风险控制

大洋航行时，正确选择航线无疑是重要的。但在航行过程中，根据当时的具体情况，正确地修正航线，以及在航行中及时采取各种必要的航海措施，也是保证航行安全的重要环节。

航迹推算是掌握船位的最基本方法。天文定位、无线电航海仪器定位以及卫星定位，都必须以推算船位作为重要参考，因此必须进行认真、细致、连续的航迹推算。

要重视罗经工作情况，一般应每隔 1～2 h 进行一次磁罗经和电罗经的比对。每天早晚利用太阳出没或低高度测定一次罗经差。要坚持使用计程仪并切实掌握计程仪改正率。航迹推算时应正确计算风流压差。

对于安装有自动化导航仪器的船舶，应注意系统的工作状况是否正常，以确保船舶航行安全。

除利用 GPS 或北斗等卫星定位系统进行定位外，还应利用天体进行定位。正常情况下，每昼夜至少应当有三个天文观测船位。

远航接近海岸时，为了及早发现物标，应先启动雷达，加强瞭望，反复确认物标，正确定位。直至对船位确信无疑时，方可向接岸点继续航行。此外，还应掌握接岸区的地形特点、水深变化规律、水中碍航物的确切位置、水流情况和助航设备等。

大洋航行时间长，气象多变，必须按时收听有关气象台站的气象报告和接收气象传真图，结合本船的气象观测资料，认真进行综合气象分析。如有灾害性天气，应采取必要的避离和预防措施。

按时收听航行海区的无线电航海警告，并及时进行必要的改正工作。

大洋航行中，应按所在时区及时拨钟，通过日界线应变更日期。拨钟和变更日期均应记入航海日志。

你知道吗

大洋航行，有时可能因为遭遇突发灾害性天气或其他意外，使航行时间延长，以致造成燃料的短缺。在此情况下，可以采用降低船速的方法以降低油耗，以保证续航至中途港或目的港。

第九章 沿岸航行

沿岸航行（Coastal Navigation）是指在沿海各港口之间的近岸海上航行以及自海上接近陆岸时的航行。

沿岸航行特点

沿岸航行因为离岸近，自然条件和交通条件等交通环境十分复杂，所以在开航之前船长和驾驶人员须了解航行水域的水文气象、地形和助航设施、交通管理规章等信息，以确保船舶航行安全，如图 9-1 所示。

图 9-1　沿岸航行

沿岸航线附近的危险物和障碍物多，水深较浅；水流复杂，潮流影响大；来往船只多，尤其是各类渔船较为密集，航行和避让都有一定困难；交通环境复杂，船舶回旋余地较小。绝大部分船舶碰撞和搁浅事故发生在沿岸航行过程中。

沿岸可用于导航、定位的自然和人工物标多,能经常测得较准确的观测船位;沿岸海区内海图、《航路指南》、《潮汐表》、《灯标表》等航海参考资料一般较详尽、完备,有利于船长和驾驶员全面、深入了解航线所经海区内水文气象、助航设施、航海危险物、推荐航线和航法等资料。

许多国家的沿岸繁忙水域实施了分道通航制,以尽可能减小船舶碰撞危险,有利于航行安全;沿岸航行离港近的水域通常设有船舶交通服务(Vessel Traffic Service,简称 VTS)系统,对来往船只能进行有效监控。

沿岸航线选择

进行航线设计前应参考相关海图、《航路指南》、《港口指南》、天气预报资料等,并对船舶、外界环境进行综合分析,最终设计一条安全、经济的航线。

船舶在沿岸航行,受地形特点的制约,航线设计要重点考虑水深、至岸距离、至危险物距离、转向点选择、习惯航线和推荐航线选择等因素。

设计沿岸航线时,一般可选在大于 1.5~2 倍船舶吃水的水深处,也即是吃水 10 m 以内的船应选 20 m 等深线以外的航线航行;吃水 10 m 以上的船应选择 30 m 等深线以外的航线航行。足够的富余水深可有效地减小船舶由于浅水效应而造成的阻力增加、航速降低、燃油消耗大的影响。同时,也可以避免船舶搁浅的发生。

船舶至岸距离的远近,需要考虑水深、危险物、禁航区、渔船渔网、能见度情况等。在能见度良好的情况下,应与陡峭无危险物的海岸保持 2 n mile 以上的距离。在夜间或能见度不良、定位又有困难时,应在离岸 10 n mile 以外航行。

航线离暗礁、沉船、浅滩、渔栅、孤立危险岩石等航海危险物的距离,可根据危险物附近有无显著物标可供定位或避险、海图上危险物位置标绘的精度、风流对航行的影响等因素来确定。通常在能见度良好的情况下,航线附近有显著物标可供定位和避险时,航线与精测危险物之间的距离至少应保持在 1 n mile 以上。原则上,航线至危险物的距离,应大于船舶通过该危险物时船位可能偏离航线的最大距离。如定位条件难于保证安全避离危险物,则宁可绕航。任何时候都不应为缩短航程而过分靠近危险物。

沿岸航行时,应尽量选择转向一侧的正横附近显著固定物标作为转向物标,如灯塔、立标、岛屿、山峰或灯船等。应避免选用平坦的岬角或浮标作为转向物标。应避免在危险物附近转向，切忌向危险物所在方向做大角度的转向。

你知道吗

在无特殊原因的情况下，应尽可能采用《航路指南》中的习惯航线或推荐航线，包括采用分道通航航路。不使用分道通航制的船舶应尽可能远离该区域。

沿岸航行风险控制

由于船舶在沿岸航行时，离岸近，浅水区多，过往船只密集，危险物多，所以需格外集中精力，谨慎驾驶，保证航行安全。

沿岸航行中，正确识别物标，是准确定位、保证安全航行的前提。对于浮标，在大风过后，常有移位和漂失的情况，灯浮也常有灯光熄灭的情况。只有在确认无疑时，其方可用于导航。

沿岸航行时，航速在 15 kn 以下，每半小时应定位一次。接近危险地区或航速在 15 kn 以上，均应适当缩短定位的时间间隔。

物标在视界以内，应尽量使用目测定位法。能见度不良时，应充分使用雷达进行定位导航。雷达、GPS 及测深仪等助航仪器，均应保持良好的工作状态。尽可能采用多种定位方式进行定位，相互比较。

定时接收天气信息，充分考虑风流对操船的影响，尤其是在水流影响显著的地区。接近危险航区时，须采取谨慎措施。同时应注意积累航区的风流资料，不断总结经验。

沿岸航行中的许多海难事故，特别是碰撞事故，大多缘于疏忽瞭望。瞭望应由近及远地连续扫视水平线内的一切事物，包括海面上任何微小的变化。夜间应特别注意保持“夜眼”，尽量少在海图室逗留。必要时应开启雷达来协助瞭望。

船舶在沿岸航行，转向比较频繁。转向时必须把握住时机，准确地转到新航线上。转向前应尽可能测得准确的船位，以便推算出到达转向点的时间。

船舶在沿岸航行时，应定时收听当地的航海警告，与航行安全有关的内容

应根据船长指示及时用铅笔改注在海图上，以确保航行的安全。

你知道吗

沿岸航行有时需绕航，以避开危险物。增加距危险物的距离而进行的绕航，实际上增加的航程是有限的，但船舶航行安全却会得到更大的保证。如下图所示，离危险物距离增加 20 n mile，航程仅增加 3 n mile，约占总航程的 1.2%。

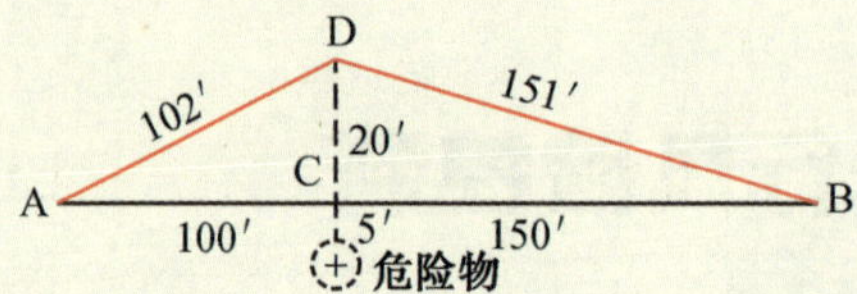

第十章 狭水道航行

港口、海峡、江河、岛礁区和运河等一般统称为狭水道（Narrow Channel）。通常，狭水道内航道狭窄而弯曲，对驾驶人员的技术要求较高。

世界十大海峡

世界上有多处海上通道，连接印度洋、太平洋、大西洋和北极圈，十大海峡包括白令海峡、朝鲜海峡、台湾海峡、马六甲海峡、霍尔木兹海峡、曼德海峡、土耳其海峡、英吉利海峡、直布罗陀海峡和德雷克海峡。

白令海峡

白令海峡(Bering Strait)连通北冰洋的楚科奇海和太平洋的白令海，最窄处约 85 km，水深 30~50 m。白令海峡名字来自丹麦探险家维他斯·白令，他于 1728 年在俄国军队任职的时候穿过白令海峡，第一次穿过北极圈。

朝鲜海峡

朝鲜海峡(Korea Strait)位于朝鲜半岛东南部与日本九州岛、本州岛之间，连接日本海与黄海、东海，长约 300 km，宽约 180 km，水深 50~150 m。

台湾海峡

台湾海峡(Taiwan Haixia)是我国福建省与台湾省之间连通南海、东海的海峡。北界从福建省福州平潭岛到台湾岛富贵角,南界从福建漳州东山岛到台湾岛鹅銮鼻,自东北到西南长约 440 km,北窄(约 200 km),南宽(约 300 km),水深 40~1 680 m。台湾海峡具有重要的国际航运价值,东北亚各国与东南亚、印度洋沿岸各国间的海上船舶往来,绝大多数从此海峡经过。

马六甲海峡

马六甲海峡(Strait of Malacca),包括新加坡海峡,是欧洲与亚太间海上大宗货物运输的主要通道,是世界上最重要的战略水道。马六甲海峡长约 1 080 km,最窄处仅 5.4 km,水深为 25~27 m。目前马六甲海峡由马来西亚、印度尼西亚和新加坡三国共管。

霍尔木兹海峡

霍尔木兹海峡(Strait of Hormuz)是连接波斯湾和印度洋的海峡,亦是唯一一个进入波斯湾的水道。海峡介于伊朗与阿拉伯半岛的阿曼角之间,东接阿曼湾,形似"人"字形,是波斯湾通往印度洋的唯一出口。东西长约 150 km,南北宽 55~95 km,平均水深 70 m,最浅处 10.5 m,最深处 219 m。

曼德海峡

曼德海峡(Bab Al-Mandab)是连接红海和亚丁湾的海峡,位于中东国家也门和非洲国家吉布提之间。海峡长约 50 km,宽 26~32 km,水深 30~323 m。海峡分成小峡和大峡,小峡在亚洲一侧宽约 3.2 km,水深 30 m,是曼德海峡中主要航道;大峡在非洲一侧宽约 25.8 km,水深 323 m。

曼德海峡通常风大浪高,狭窄礁多。航船常倾覆于此,以至船员航行至此便胆战心惊甚至流泪,渔民出海后家属为其安全哭泣。

土耳其海峡

被称为"天下咽喉"的土耳其海峡(Turkish Strait),是地中海通往黑海的唯一海峡,故又称黑海海峡。它包括伊斯坦布尔海峡、马尔马拉海和恰纳卡莱海峡三部分,全长 361 km,整个海峡呈东北—西南走向,是亚、欧两洲的分

界线。

英吉利海峡

英吉利海峡(English Channel)又名拉芒什海峡,是分隔英国与法国、连接大西洋与北海的海峡。海峡长约 560 km,最宽处 240 km,最狭窄处又称多佛尔海峡,仅宽 33 km。英国的多佛尔与法国的加来隔海峡相望。

直布罗陀海峡

直布罗陀海峡(Strait of Gibraltar)是沟通地中海与大西洋的海峡,亦是欧洲与非洲的分界线之一。它位于西班牙最南部和非洲西北部之间,全长约 58 km,西宽东窄,西部最宽处 43 km,东部最窄处在西班牙的马罗基角和摩洛哥的西雷斯角之间,宽仅 13 km。

德雷克海峡

德雷克海峡(Drake Passage)位于南美洲南端火地岛与南极洲南设得兰群岛之间,东西长 300 km,南北宽 900~950 km,水深 2 800~5 840 m,以多风暴著名。

你知道吗

除了这十大海峡,世界上还有麦哲伦海峡、丹麦海峡、莫桑比克海峡、龙目海峡、巽他海峡、巴拿马运河和苏伊士运河等重要的海上咽喉要道。

狭水道航行特点

狭水道最显著的特点是航道狭窄、弯曲,且有浅滩和礁石等危险物,船舶没有足够的回旋余地。

船舶在狭水道中航行和操纵都比较复杂。许多狭水道内,除有天然和人工陆标可供定位、避险导航外,还设有浮标指示航道或航海危险区。有些狭水道还实施了分道通航制,以利于来往船只的航行安全。

多数港口航道水深均较小,例如我国的上海港、温州港和营口港等。吃水深的船舶,须候潮进港。而江河口航道,由于泥沙沉积,往往形成浅滩。这种浅滩的位置,又常随季节和江河水势的差异而多变迁。因此,江河口航道水深经常改变,如长江口的铜沙浅滩等。

狭水道潮流流速大,流向多变。例如日本濑户内海的来岛海峡是世界典型的水流复杂狭水道,最大流速可达 10 kn,且到处有急流和旋涡。船舶通过水流复杂的航道,必须认真查阅、研究有关资料,航行中要掌握水流的变化规律,正确预配流压差,以保证航行安全。

除潮流外,有些狭水道潮差大也给航行造成很大影响。例如我国杭州湾水域,最大潮差竟达 8 m。船舶必须根据本船吃水,结合潮时潮高把握通航时间。

狭水道,特别是比较重要的狭水道,一般都是来往船只密集水域。有些水域中渔船和其他类型船舶也较多,易造成航道阻塞和紧迫局面。

怎样确定最小安全水深

狭水道通常水深受限,船舶通过狭水道浅滩时,须提前核算该浅滩的最小安全水深,可由下式求得:

最小安全水深=最大吃水(出发港)+咸淡水差+船体下沉+横倾增加吃水+半波高+保留水深-油水消耗减少吃水

由上式可知,确定最小安全水深应考虑如下因素。

出发港最大吃水

通常在受载时就应根据航行时间、油水消耗量、潮汐情况等预算船舶在出发港的最大吃水,合理受载,以期在通过浅滩时,既可达到首尾吃水适当,又有足够的保留水深,以便船舶安全顺利通过浅滩。

咸淡水差

船舶进出不同水密度的水域时，吃水将随之发生改变。由咸水入淡水，吃水增加；反之，吃水减少。

船体下沉及吃水差变化

船舶在浅水中航行，船体会下沉，吃水增加。这是因为船底至海底的水深有限，水流加快，水压降低，从而使吃水增加。同时也引起吃水差的变化。

横倾增加吃水

在水深受限的狭水道中航行时，要考虑横倾会增加吃水的因素。如图 10-1 所示，吃水增加量可按下式近似算出：

$$\Delta T = \frac{B \cdot \theta}{2 \times 57.3} = \frac{B \cdot \theta}{120}$$

式中：ΔT——横倾增加的吃水(m)；

B——船宽(m)；

θ——横倾角(°)。

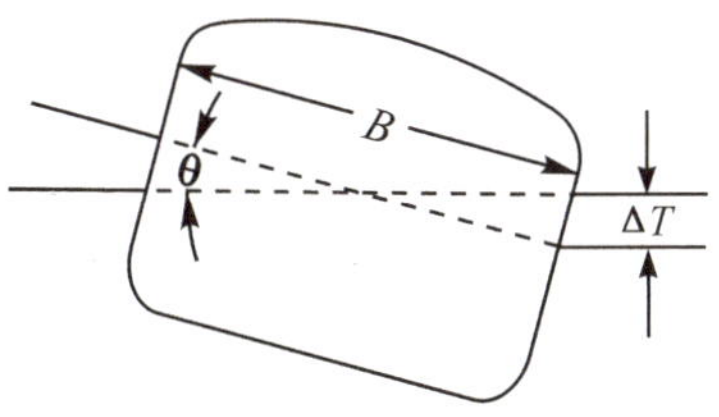

图 10-1　船舶横倾增加吃水

半波高

当浅水区有波浪时，其水深的大小会随着波浪呈周期性的变化。当船处于波谷时，水深要比没有波浪时的水深小半个波高，如图 10-2 所示。如再考虑船舶随波浪上下运动时的惯性，则船舶处于波谷时，船底下的水深减小量将大于半个波高。所以有波浪时，要考虑半波高，以免墩底。

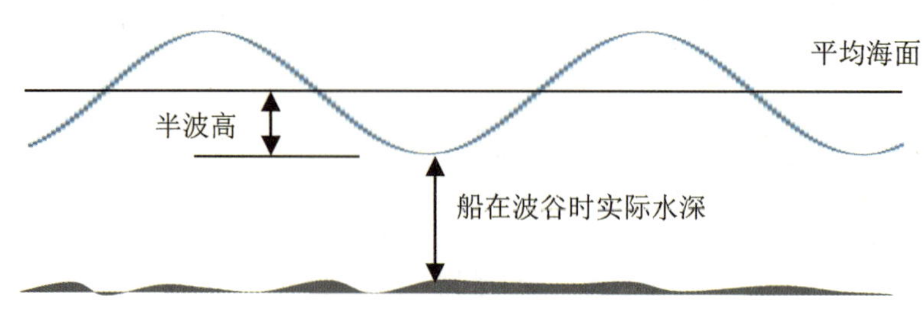

图 10-2　半波高示意图

保留水深

船舶不能擦着海底航行，必须在船底和海底之间保留一定的富余量，即保留水深，或称为富余水深（Under Keel Clearance，简称 UKC）。保留水深应视该浅滩处潮高预报误差、海图水深测量误差和底质而定。中文版《潮汐表》预报潮高误差范围为 20~30 cm。对于海图水深，一般规定水深低于 21 m 时，水深注记允许误差为 0.1 m；水深在 21~31 m 时，允许误差为 0.3 m；水深超过 31 m 时，允许误差为 1 m。确定保留水深时要注意留有充分余地。通常情况下，保留水深可取 0.1~0.5 m。

油水消耗吃水减少

根据本船每天油水消耗量、每厘米吃水吨数和航行天数，可按下式计算油水消耗吃水减少的厘米数：

$$\text{油水消耗吃水减少(cm)}=\frac{\text{每天油水消耗量}\times\text{航行天数}}{\text{每厘米吃水吨数}}$$

狭水道导航方法

船舶在狭水道航行，由于航道狭窄，航行条件复杂，所以在狭水道中除了自然物标外，还应设置必要的浮标、导标和叠标等，以提供充分的连续目测导航机会，满足狭水道导航的需要。

GPS 和北斗系统，是目前世界上最为可靠的卫星导航定位系统，在沿岸，定位精度可达米级，为狭水道导航提供了可能性。在准确使用坐标系修正量的基础上，卫星导航系统结合电子海图是狭水道航行中非常有效和可靠的先进导航方式，已在实践中得到验证，并取得了理想的效果。

船舶在狭水道航行，除了用卫星导航系统和电子海图导航外，还有浮标导航、叠标导航、导标方位导航和平行线导航等方法。

浮标导航

浮标导航，就是逐个通过浮标的航行方法。进出港湾、锚地，通常可按灯浮航行。我国长江口南水道就是一个比较典型的用浮标导航的水道。

利用浮标导航，需提前查阅有关航路指南和港章，熟悉浮标制度，预画好航线，严格按照计划航线航行。航行中要认真逐一核对各浮标的形状、颜色、灯质、顶标和编号等，以及各浮标间的航向、航程和该段航道的宽度与深度。

通过每一灯浮时都应与其保持适当的距离，不宜太靠近浮标，以防被风、流压上灯浮。

通常采用查看前后浮标与本船首向之间的关系来判断本船是否行驶在航道内。如图 10-3 所示，A，B 是前后两个浮标，设置在航道南侧，AB 连线北侧为航道，a，b，c 表示船的 3 个位置，a 位于前后标连线的南侧，说明本船已偏离航道进入浅水区，应立即向左转向驶离该浅水区；b 位于前后标连线上，说明本船已进入航道边界，也应向左转向离开连线位置；c 位于前后标连线的北侧，说明本船航行在航道内。

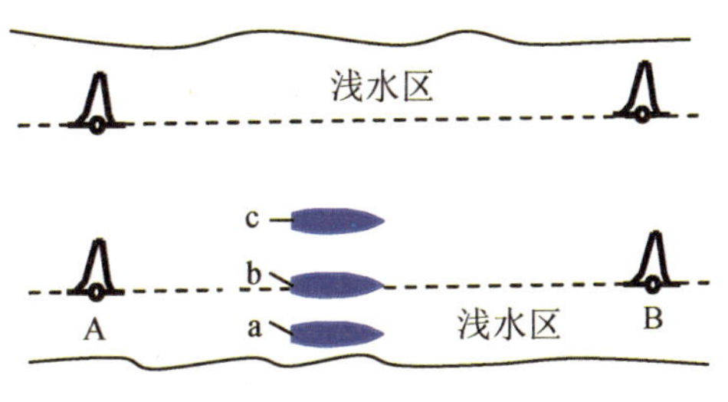

图 10-3 查看前后浮标法

叠标导航

港口或狭水道航道，通常设有人工叠标供船舶导航。叠标导航包括方位叠标导航和距离叠标导航。比较常用的是方位叠标导航。

方位叠标一般由前后两个标志组成，离船近的标志称为前标，离船远的标志称为后标。两标志连线向航道一侧的延长线，即为相应的方位叠标线。航行时始终保持叠标串视，就可保证船舶准确航行在计划航线上，如图 10-4

所示。

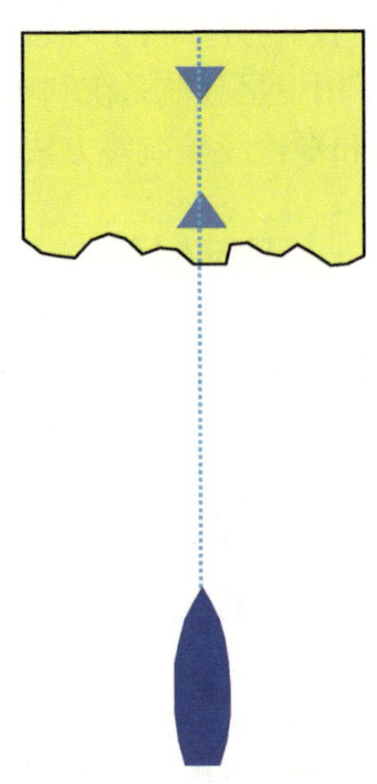

图 10-4　方位叠标导航

如发现叠标分开,说明船舶已偏离计划航线,应及时修正。

当船舶受风流压影响时,为了保持与叠标串视,船首通常应向上风流方向偏一个适当的角度。

方位叠标线实质上是两物标方位差等于零的等值线。而距离叠标线则是至两物标的距离差等于零的等值线。同样,距离叠标也可作为导航叠标使用。

如图 10-5 所示,A、B 为航道两侧可供测距的陆标。当 $D_A = D_B$ 时的等值线正好标示航道轴线。

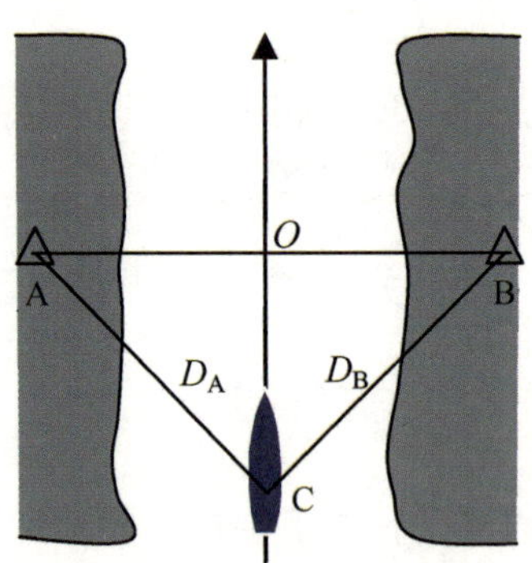

图 10-5　距离叠标导航

实际导航时,用雷达的活动距标圈连续测定两标志的距离,只要保持 $D_A = D_B$,即两标志的回波(黑点表示物标在雷达上的回波)保持在同一活动距标

圈上，就可以准确而简便地使船保持在预定航线上，如图 10-6(a)所示。

如果保持活动距标圈始终与较近的一个标志的回波相切，这时若发现右侧的 B 标志回波呈现在距离圈之外，如 10-6(b)所示，则表明船已偏左，应向右纠正航向；反之，若左侧 A 标志回波在距离圈之外，如 10-6(c)所示，则表明船已偏右，应向左纠正航向。

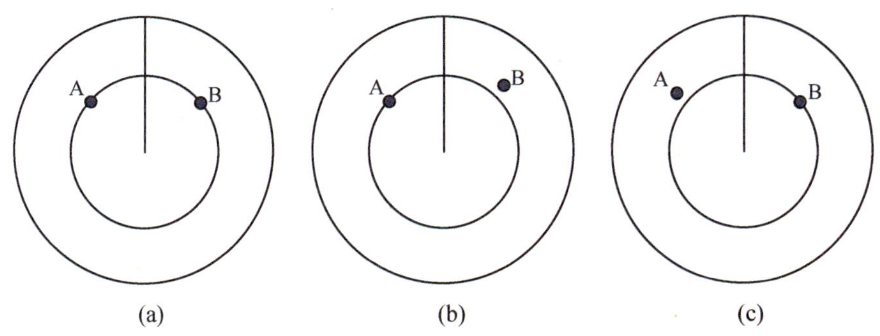

图 10-6　距离叠标导航雷达回波示意图

导标方位导航

当航线上没有合适的叠标时，可在航线前方(或后方)选择一个明显的物标作为导标，过该物标作一适当的方位线，以此为计划航线。航行中保持该物标的预定方位不变，即可使船舶沿该方位线航行，这就是导标方位导航。

按导标航行，必须不断用罗经观测导标的方位(换算成罗方位)。当方位改变时，说明已偏离计划航线，应及时修正。

如图 10-7 所示，导标在船首方向时，方位增大(偏在计划航线的左边)，应向右修正；方位减小(偏在计划航线的右边)，应向左修正。导标在船尾方向时则相反。

导标方位导航，其准确性取决于导标位置的准确性、罗经差的准确性、观测方位的准确性以及导标距离船舶的远近。为此，在可能的情况下，应准确测定罗经差，并选择标身尖细、位置准确和距离较近的物标作为导标，以提高按导标航行的准确性。

平行线导航

当航线前后无合适的物标可供导航时，可借助雷达，利用航线两侧附近的物标进行平行线导航。

平行线导航应事先结合海图，选取离航线较近、显著、位置准确的物标，并

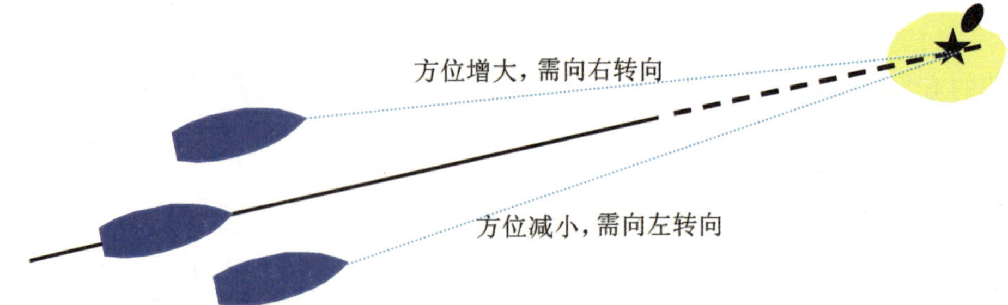

图 10-7　导标方位导航

量取该物标至计划航线的最小距离。调整雷达为北向上相对运动显示方式；活动距标圈半径为最小距离；电子方位线与计划航线平行，使其与物标处于同侧，并与活动距标圈相切，如图 10-8 所示。航行中，根据物标回波和电子方位线的相对位置关系调整航向，使物标回波始终与电子方位线相切并移动，即可确保船舶沿计划航线航行。

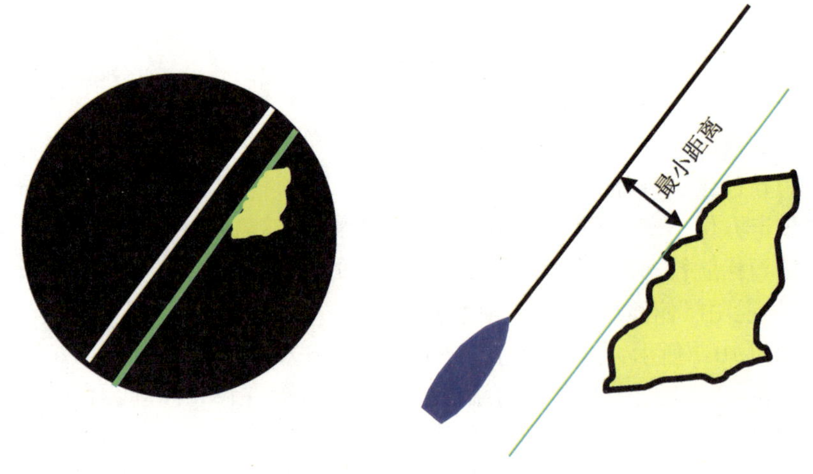

图 10-8　平行线导航

狭水道航行风险控制

船舶到达浅滩以前，应根据油水消耗及时调整船舶吃水，使其到达浅滩时刚好为平吃水，且无横倾。如当地水深允许，可将船调整至适当尾倾，以改善船舶操纵性能。值得注意的是,船舶由咸水水域进入淡水或半淡水水域,平均吃水增加,船舶浮心后移,导致吃水差增加。为此,要保证船舶在淡水或半淡水中为平吃水,则在咸水中应有适当的尾倾。

过浅滩往往需要候潮,候潮时潮高的计算是以潮汐表预测为依据的。潮汐表预测本身存在一定的误差,且潮汐受气象因素影响较大。例如由于风向、风力不同,会使高潮时间提前或推迟。因此船舶候潮通过浅滩,除非确有把握,一般不应利用高潮,尤其不能在大潮日的高潮时通过,以免一旦搁浅时离滩困难。在水深符合要求的前提下,通常可选择在高潮前 1 h 通过较为适宜。

条件许可时,最好在过浅滩前开快车,在过浅滩时慢车或停车,让船淌航过浅滩。若浅滩较长,应开慢车航行,也可在水深稍深处开快车,在水浅处淌航,以减少船体下沉及吃水差变化。必要时可用拖船协助。

浅水航道尤其是江河口航道,由于泥沙淤积,航道多变,通过前应查阅最新资料,掌握航道最新的变化情况。

在浅水区,舵效较差,操纵困难,两船相距较近还会出现船吸现象。若同时有他船欲通过浅滩,可提前通过 VHF 相互协调,使其中一船先过,另一船在浅滩外航道上慢车等候。如果两船在浅水区会遇,应各自靠右侧行驶,采用减速和变速对驶通过。应尽可能避免在浅水区追越。

你知道吗

目前世界上很多国家在本国沿海建立了 DGPS(差分 GPS)台站,使船舶定位精度可达米级,为狭水道航行提供了便利。在准确使用坐标系修正量的基础上,DGPS 结合电子海图是狭水道航行中非常有效和可靠的先进导航方式。但需注意的是,不能仅仅依靠这一种导航方法,还应充分利用合适的陆标来导航,相互验证,保证安全。

第十一章 特殊条件下航行

船舶在特殊条件下航行主要包括雾中航行、冰区航行、岛礁区航行和大风浪中航行等。

冲出迷雾

雾中航行,是在能见度不良情况下航行的一种习惯叫法。根据国际雾级的规定,凡能见距离在 4 000 m 以下者,都称为能见度不良,包括雾、雨、雪、霾等使能见度受到限制的情况。由于能见度不良,驾驶员无法用目力及时发现物标和周围船舶的动态,给航行定位、导航和避让带来困难,如图 11-1 所示。

雾的形成

雾是近地层大气中悬浮的大量小水滴或小冰晶的集合体,这种集合体使水平能见距离降到 1 000 m 以下时,称为雾。雾与云本质一样,只是高度不同而已。

雾产生的根本原因就是近地面空气中的水汽含量超过了饱和量,这样就形成了小水滴或小冰晶。对海上和沿海影响较大的雾主要是由气温降低而产生的。

图 11-1　舰船在雾中航行

雾的种类

根据形成原因不同,雾可以分为平流雾、辐射雾、锋面雾和蒸气雾。

(1)平流雾

当暖湿空气流经冷的下垫面时,下垫面的冷却作用使空气达到饱和、发生凝结而形成的雾,称为平流雾。

平流雾是海上出现最多、对航海影响最大的一种雾,故又称为海雾。平流雾浓度和厚度可以很大,水平范围广、持续时间长等。

(2)辐射雾

在晴朗微风而又潮湿的夜间,地面辐射冷却使近地面温度下降,当气温降低至露点或露点以下时达到饱和凝结而形成的雾,称为辐射雾。

辐射雾是一种典型的"陆雾",在海面上通常不能产生。沿岸港口的辐射雾会影响船舶进出港及港内的装卸作业。辐射雾一年四季都能产生,尤以秋季和冬季最为频繁。

(3)锋面雾

在锋面上暖气团中产生的水汽凝结雾(云滴或雨滴)落入较冷的气团内,经蒸发使近地面的低层空气达到饱和而凝结形成的雾,称为锋面雾。

锋面雾经常发生在冷、暖空气交界的锋面附近,与锋面降水相伴而生,故又称为"雨雾"。

(4)蒸气雾

寒冷的空气覆盖在较暖的水面上,水汽蒸发进入冷空气,达到饱和、凝结

形成的雾,称为蒸气雾。

蒸气雾多产生于极地冰盖的边缘、冰间水面以及亚洲和北美东海岸,在我国多见于冬季渤海和黄海北部。蒸气雾范围和浓度不大,离水面几米,持续时间短,多产生于清晨,日出后随气温上升而慢慢消散。

能见度等级

根据能见度距离的大小,海面能见度可分为 0~9 共 10 个等级,如表 11-1 所示。

表 11-1 海面能见度等级表

等级	能见距离		天气报告中能见度术语	
	海里(n mile)	千米(km)	英文	中文
0	<0.03	<0.05	Visibility Bad	能见度恶劣
1	0.03~0.10	0.05~0.20		
2	0.10~0.25	0.20~0.50		
3	0.25~0.50	0.50~1.00	Visibility Poor	能见度不良
4	0.50~1.00	1~2		
5	1~2	2~4	Visibility Moderate	能见度中等
6	2~5	4~10		
7	5~11	10~20	Visibility Good	能见度良好
8	11~27	20~50	Visibility Very Good	能见度很好
9	≥27	≥50	Visibility Excellent	能见度极好

雾区航行风险控制

船舶在雾中航行,风险较大。在船舶没有配备雷达的年代,或者船上雷达失效时,如果能见度不良,可能导致船舶停航,等待能见度好转时才能恢复航行。

即使船上配备的雷达性能良好,船舶在雾中航行时驾驶人员也须格外谨慎,以避免发生碰撞事件。

(1)船舶进入雾区航行,应适当地调整航线与陆岸的距离,保证船岸之间有足够的回旋余地。

(2)充分利用雷达和 GPS 进行定位和导航。雷达是雾中航行时的重要助航设备。利用雷达进行瞭望,应注意选择适当的距离挡。

(3)掌握当时的实际能见距离。这可根据目视发现某一物标的同时用雷达测出其距离的办法求得。但雾中的能见距离会因雾的浓度而有所变化。

(4)严格掌握安全航速和遵守国际海上避碰规则。

(5)雾中声号的作用是向船舶警告危险所在。但不可仅凭声音的大小或有无判断船舶安全情况。因为声音在空气中有时可能不是直线传播,有时船舶虽然离声源较近,也可能听不到声音。

(6)加强瞭望,这是保证雾航安全的重要措施。有经验的瞭望人员,能及时发现船舶周围的任何微小变化。

(7)进入渔船密集区时应减速,用雷达认真观测周围和前方渔船动向。渔船大多移动速度慢或成对协作捕鱼。根据其动向,正确选择驶出渔船区的措施。

冰中航路

海面结冰后,船还能航行吗？答案是不一定能。当结冰程度较轻时,一般来说,船是可以航行的。冰区航行是指船舶进出冰封的港口、海湾或在有大量的浮冰甚至冰山的海域航行。

图 11-2 船舶在冰区航行

全球冰区分布

就世界范围而言,比较重要的冰区主要是指:北大西洋纽芬兰大浅滩的北

大西洋航线、北日本海东部海区与鄂霍次克海和白令海相毗邻的水域、白海、波罗的海北部以及接近极地的海区。至于我国的渤海湾，每年 11 月至次年 4 月，因受西伯利亚冷高压影响，气温明显下降，致使沿岸海域结冰，对航行有一定的影响。在气候正常的年份，冰情并不严重，但在气候特别寒冷的年份，渤海和黄海北部可能出现较严重的冰冻现象，从而对船舶安全和航行带来了严重的威胁。

流冰

流冰的区域很大，主要是随风漂流，也受潮流和海流的影响。流冰的移动速度约为风速的 2%，在北半球，其移动方向约为下风侧偏右 30°～40°。

接近流冰征兆：水天线附近出现冰光，如图 11-3 所示；浮冰边缘有浓雾带；发现零星碎冰；远离陆地，周围波浪突然减弱；北冰洋远离陆地，突然出现海象、海豹和鸟类等。

图 11-3　冰光

冰山

冰山是流到海上的陆冰，除南北两极海区外，北大西洋的冰山对船舶航行有较大的妨碍。泰坦尼克号就是在北大西洋撞上冰山而沉没的。

冰山通常高数十米，长百余米。尖塔形冰山的吃水深度为水面高度的 1～2 倍，而其水上和水下部分的体积比例约为 1∶7，如图 11-4 所示。

雷达观测可以发现冰山，但是由于冰山形状、反射电磁波的性能等原因，小冰山也不易被发现。

接近冰山的征兆：远离陆地，海面有清风，但海浪突然消失；发现冰片或碎冰，表明上风方向可能有冰山；听到冰山崩解或冰块破裂坠海所发出的巨响；水温、气温下降，听到本船汽笛等的回音等。

图 11-4　冰山(水上和水下部分)

进入冰区前的准备工作

进入冰区前应认真收听冰情报告，以便及时避离冰山和浮冰。做好防冻措施，严防甲板机械和管系冻坏。关闭水密门窗，备好救生艇粮食、淡水及取暖器材。检查锚机、锚链，消除隐患。清洁污水井、黄蜂巢，保证排水系统一切正常。增加对水舱、压载舱及污水井的测量。在船首尾设置探照灯、大型信号聚光灯，以备探明冰情。

冰区航行的注意事项

当船舶接近冰区时，要用慢车，以船首柱正对冰缘，直角驶入选定的进路。冰区航行，必须根据冰量、冰质、本船的船型结构及实际强度，谨慎决定航速，特别是旧船，更要慎重。冰区航行用过高的航速，往往导致船体损伤，但航速过慢，船舶又有被冰困住的危险，一般应采用 3~5 kn，即维持舵效的最低航速。根据经验，冰量为 4/10 时，可用 8 kn 航速，冰量每增加 1/10，航速减少 1 kn，当冰量大于 7/10~8/10 时，航速不应超过 5 kn。在前进中遇到大冰块时，

应使用更慢的航速，以保证车、舵和船体的安全。在转向时，应避免用大舵角。

大范围内可参考冰情资料选择推荐航线，而在具体航区，则必须在冰量少、冰质弱的水域或在冰裂缝中航行。这时可开启雷达，及早发现冰中比较清爽的水域，以利前进；遇到冰山或在大风浪天气发现有碎冰集结时，均应在下风航行；夜间或有雾时接近冰山，如果发现距离很近，应特别注意，必要时应待条件转好后续航；遇有冰山和碎冰互相接近运动时，应尽快避开，以防止被围困产生危险。

破冰船引航时，应注意保持与破冰船或前船 2~3 倍船长的距离，保持与破冰船的通信联系，如图 11-5 所示。

冰区航行，航迹推算和陆标定位等均有一定困难，故应利用各种无线电定位仪器测定船位，以 GPS 定位最为适合。

若必须在冰区抛锚，应选择在冰层最薄处，且锚链长度不得超过水深的两倍。

我国的渤海湾，每年 11 月至次年 4 月，因受西伯利亚冷高压影响，气温明显下降，致使沿岸海域结冰，对航行有一定的影响。

图 11-5　破冰船领航

劈波斩浪

船舶在海上航行，遭遇大风浪天气是很难避免的。大风浪是船舶安全航行的潜在威胁。大风浪中航行时，船舶会出现剧烈的摇摆、降速、航向不稳定等，由此引发的其他操纵困难可能导致船毁人亡的海难事故。

风

空气相对于地面或者海底的水平运动称为风。从科学的角度来看,风常指空气的水平运动分量,包括方向和大小,即风向和风速。风向是指气流的来向;风速是指空气在单位时间内移动的水平距离,以 m/s、km/h 或者 n mile/h (kn)为单位。

风力等级是根据风对地面或海面的影响程度来确定的,通常采用"蒲福风级"来表示。"蒲福风级"是由英国人弗朗西斯·蒲福在 1805 年根据风对地面物体或海面的影响程度而定出的风力等级,从 0~12 共 13 个等级,即目前世界气象组织所建议的风级。1946 年以后修订为 0~17 共 18 个等级。

表 11-2　风力等级表

级别	名称	风速(m/s)	陆地地面物象	海面波浪
0	无风	0~0.2	静,烟直上	平静
1	软风	0.3~1.5	烟示风向	微波峰无飞沫
2	轻风	1.6~3.3	感觉有风	小波峰未破碎
3	微风	3.4~5.4	旌旗展开	小波峰顶破裂
4	和风	5.4~7.9	吹起尘土	小浪白沫波峰
5	清风	8.0~11.7	小树摇摆	中浪折沫峰群
6	强风	11.8~13.8	电线有声	大浪白沫离峰
7	疾风	13.9~17.1	步行困难	破峰白沫成条
8	大风	17.2~20.7	折毁树枝	浪长高有浪花
9	烈风	20.8~24.4	小损房屋	浪峰倒卷
10	狂风	24.5~28.4	拔起树木	海浪翻滚咆哮
11	暴风	28.5~32.6	损毁重大	波峰全呈飞沫
12	台风	32.7~36.9	损毁极大	海浪滔天
13	台风	37.0~41.4	非凡现象	
14	强台风	41.5~46.1	非凡现象	
15	强台风	46.2~50.9	非凡现象	
16	超强台风	51.0~56.0	非凡现象	
≥17	超强台风	≥56.1	非凡现象	

由于地球的自转，在不同纬度的近地面层中出现了赤道低压带、副热带高压带、副极地低压带和极地高压带四个气压带，从而形成了赤道无风带、信风带、副热带无风带、盛行西风带和极地东风带等五个行星风带，如图 11-6 所示。

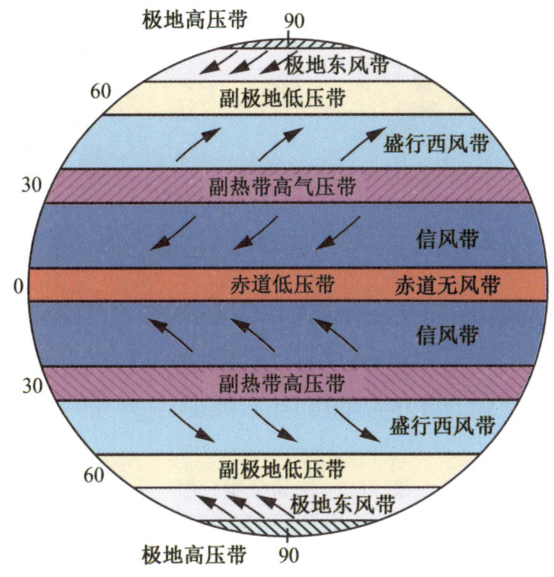

图 11-6　地球上的气压带和风带

台风

台风属于热带气旋的一种。热带气旋是发生在热带或副热带洋面上的低压涡旋，是对流层中最强大的风暴，被称为“风暴之王”。台风与飓风都是一种热带气旋，只是发生地点不同，叫法不同而已，台风在欧洲、北美一带称为飓风。

在北半球，热带气旋中的气流绕中心呈逆时针向内旋转，如图 11-7 所示；在南半球则呈顺时针方向旋转。

台风是一个深厚的低气压系统，它的中心气压很低。如果从水平方向把台风切开，可以看到有明显不同的三个区域，从中心向外依次为：眼区、涡旋区和外围区。眼区，风力很小，天气晴朗，平均直径为 5～30 km，出现三角浪或金字塔式浪，海况十分恶劣；涡旋区，平均宽 10～100 km 不等，这里云墙高耸，狂风呼啸，大雨如注，海水翻腾，天气最恶劣；外围区，平均宽度 200～300 km，甚至长几千千米，雨带所经之处会降阵雨，出现大风天气。

国际是根据热带气旋中心附近最大平均风速对其进行分级的，1989 年世

图 11-7　台风卫星云图

界气象组织把热带气旋分成热带低压、热带风暴、强热带风暴和台风(飓风)4类,如表 11-3 所示。

表 11-3　热带气旋分级

热带气旋	缩写	英文名称	风速(kn)	风级(级)
热带低压	TD	Tropical Depression	22~33	6~7
热带风暴	TS	Tropical Storm	34~47	8~9
强热带风暴	STS	Severe Tropical Storm	48~63	10~11
台风(飓风)	T	Typhoon (Hurricane)	≥64	≥12

1997 年 11 月 25 日至 12 月 1 日,世界气象组织台风委员会在香港举行会议,决定对西北太平洋上生成的台风统一命名,由日本、韩国、朝鲜、中国、中国香港、中国澳门、越南、老挝、柬埔寨、泰国、马来西亚、菲律宾、密克罗尼西亚联邦、美国 14 个成员各提供 10 个名字,共 140 个名字,从 2000 年 1 月 1 日起按顺序年复一年循环使用。如果某个热带气旋给台风委员会成员方造成了特别严重的损失,该成员则可申请对该热带气旋的名字不再循环使用,以便在台风气象灾害史上作为标志性的事件永久记录。

我国从 1959 年起开始对每年发生或进入赤道以北、180 度经线以西的太平洋和南海海域的近中心最大风力大于或等于 8 级的热带气旋按其出现的先后顺序进行编号,用四位数字表示,如 1920 表示 2019 年第 20 号热带气旋。

海浪

海浪是海水运动的重要形式，是影响船舶航行安全的主要海洋环境因素。根据形成原因不同，海浪可分为风浪、涌浪、潮汐波、海啸、风暴潮、气压波和内波等，如图 11-8 所示。

图 11-8 海浪

风浪是风的动量借助于摩擦而传给海水，使它产生的波浪。波的传播方向几乎与风向一致。上风浪的大小不仅取决于风速，还与风时（状态相同的风作用时间）、风区（状态相同的风作用海区）、海区的形态特征以及海区地理位置等因素有关。

涌浪是风浪离开作用海区传至远处或风区里风停息后留下来的波浪。涌浪的波形较规则，波面比较平滑。涌浪由于比海上风暴系统移动快，常作为风暴来临的先兆。

潮汐波是海水在月球和太阳引潮力的作用下形成的波浪。

由火山爆发、海底地震引起的海底大面积升降以及沿海地带山崩和滑坡等造成的巨浪，称为海啸，如图 11-9 所示。海啸的波速高达每小时 700～800 km，在几小时内就能横过大洋；波长可达数百千米，可以传播几千千米而能量损失很小；在茫茫的大洋里波高不足 1 m，但当到达海岸浅水地带时，波长减短而波高急剧增高，可达数十米，形成含有巨大能量的“水墙”，如图 11-9 所示。

由热带气旋、温带气旋、寒潮冷高压的强风作用和气压骤变等强烈天气系统引起的海面异常升降现象，称为风暴潮。风暴潮常带来狂风巨浪、水位暴涨等灾害。

相邻海区气压不同或某一海区气压急剧变化而产生的波动，称为气压波。

海洋中密度相差较大的水层界面上的波动，称为内波。

图 11-9　海啸产生的“水墙”

世界主要大风浪区

世界各大洋多狂风恶浪的海域主要包括冬季北大西洋和北太平洋中高纬度海域、夏季北印度洋、南半球的咆哮西风带和冬季比斯开湾等。

世界上最知名的大风浪的海域就是好望角(Cape of Good Hope)。好望角的名称起源于葡萄牙语,意思是“美好希望的海角”,是非洲西南端非常著名的岬角,因多暴风雨,海浪汹涌,故最初称为“风暴角”。“好望角”一名的由来有着多种说法,最常见的说法有两种:一种说法为葡萄牙探险家迪亚士 1488 年 12 月回到里斯本后,向国王陈述了“风暴角”的见闻,国王认为绕过这个海角,就有希望到达梦寐以求的印度,因此将“风暴角”改名为“好望角”;另一种说法是达·伽马自印度满载而归后,当时的国王才将“风暴角”易名为“好望角”,以示绕过此海角就带来了好运。

比斯开湾(Bay of Biscay)是大西洋的一部分,位于欧洲伊比利亚半岛和法国布列塔尼半岛之间,是地中海和非洲去往西欧的必经之路。冬季,来自大西洋的季风,常在这里掀起滔天恶浪,对来往船只造成极大威胁,因此,比斯开湾有“航海者墓地”之恶名。

大风浪的界定

不同船舶大风浪的界定:不同船舶, 由于其吨位、船型、水密、装载、动力、舵效等情况的不同, 其抗大风浪的能力是不一样的, 即对于不同船舶, 其大风浪的定义是不一样的。

对于同一船舶，当其装载状态不同时，其大风浪的定义也是不一样的。另外，随着船舶的老龄化，其抗大风浪的能力也必定会下降。

大风浪航行的危害

船舶在大风中浪航行时，其遭受的危害主要包括降速、摇晃、船员晕船、影响瞭望和操纵困难等。

据研究计算，一般航速为 18 kn 的船舶，在 6 级海浪中顶浪航行时，航速降低 4 kn；在 8 级海浪中顶浪航行时，航速降低 7 kn。风浪再大时，航速还要降低，甚至完全不能前进。

顶浪航行时，由于波浪与船做相对运动，使船舶与波浪的相遇周期变短，缩短波浪与船舶的撞击周期，使波浪的碰撞次数增多，撞击程度加剧，增大了对船体的危害。当船舶横摇的周期和波浪的周期相同时，船舶摇摆会越来越大，甚至会有倾覆的危险。

顺浪航行时，若船速小于波速，船舶又处于波谷之中，则波浪冲击会淹没船尾，推进器和尾轴会遭到损害；若船速和波速差不多，船舶位于波浪前部斜面或波谷中，则船舶易发生偏转，使船体横对风浪，造成船体倾斜，甲板大量上水，对航行安全极为不利。

船舶在大风浪中航行不仅影响船舶的航行安全，还易使船员产生晕船反应，长时间剧烈的晕船会造成船员体力和免疫力大大下降，进而影响船上正常的生活秩序和工作秩序。

风浪越大，雷达的杂波就越大，目标回波被杂波淹没得就越严重，甚至出现无法发现目标的现象。大风浪中航行时，海面白浪滔天，严重影响视觉瞭望。通常情况下，大风浪中航行时还伴随着大雨倾盆，减弱了视觉瞭望的效果。

大风浪中航行时，由于降速、航向不稳定、瞭望困难等因素，驾驶员操船困难，尤其是需要大角度转向，可能造成船舶剧烈横倾，稳性降低。

大风浪航行操船方法

船舶在大风浪中航行时，驾驶人员应及时抄收天气预报、气象报告、气象传真等气象资料，根据获取的气象信息，科学分析航行区域当时的天气情况和大势，见图 11-10。如天气恶劣，每天要加收天气报告，以便及时地掌握天气变化要素；加强甲板设备、货物绑扎情况的检查，对可能发生移动或倒塌的物件必须及时采取有效措施，消除安全隐患。定时检查货物情况，防止因货物移动而影响船舶安全；根据实际海况及船舶当时的具体情况，正确地选择航向和航

图 11-10　船舶在大风浪中航行

速，以防止出现大倾角的横摇或出现谐摇，应避免全速顶着较大涌浪航行；尽量避免在大风浪中掉头，如确实需要掉头，应选择好恰当时机，在风浪相对较小时尽快转向。

大风浪中的操船方法主要包括“Z”字航法、滞航、漂滞和顺浪航行等。

船舶顶浪或偏顶浪航行时，如果风浪很大，波浪与船的相对速度也大，波浪对船体会造成较大的冲击，严重时，造成大幅度横摇、甲板大量上浪以及拍底、螺旋桨空转等。顶浪航行一般要降低船速和调整航向，以减轻摇摆幅度。“Z”字航法就是适当调整船速，以船首一舷 10°～30°的受浪角航行一段距离后再改为船首另一舷 10°～30°的受浪角的航行方法，如图 11-11 所示。其中航向和船速的调整以减小船舶摇摆幅度为准。

如果船舶在顶浪航行时经不起波浪冲击，则可采用“滞航”的航法，以能保持航向的最低船速将风浪放在船首 20°～30°的方位上顶浪前进。这时的船舶实际上处于缓进或不进，甚至微退的状态。随着风向的改变，需将航向不断地进行调整。

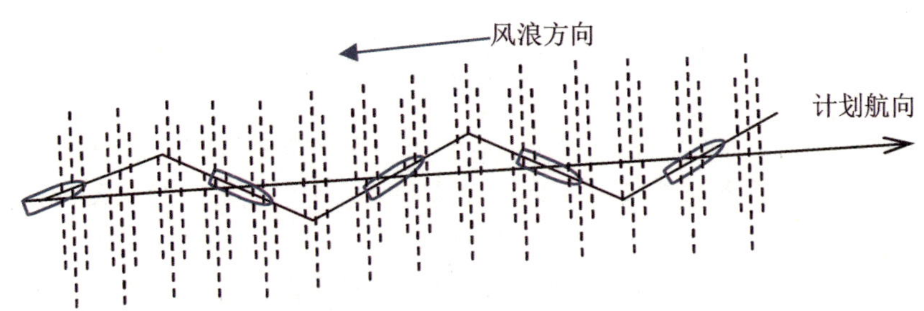

图 11-11　“Z”字航法

在大风浪中，如果主机和舵机发生故障，可以采用“漂滞”的航法，使船舶在波浪中漂移，使波浪对船体的冲击力减小。这种航法下，船舶极易处于横浪状态，对稳性不好的船舶来说，十分危险，一般不主动采取“漂滞”航法。

当风浪过大，顶浪滞航难以承受波浪冲击时，如果下风水域宽广，可以考虑改以船尾斜向顺浪航行。顺浪航行降低了波浪对船的相对速度，大大缓解了波浪的冲击，对于可以保持较高船速的船舶，有利于摆脱风浪尽快进入避风水域。

岛礁穿梭

岛礁区是指岛屿与礁石罗列的地形复杂的海区。通常岛礁区航道弯曲狭窄，水流湍急，舰船在岛礁区航行要特别注意。例如，我国沿海的舟山群岛(如图 11-12 所示)、澎湖列岛等均属于岛礁区。

图 11-12 舟山群岛岛礁区

岛礁定义

从字面理解，岛一般是指四面环水的陆地，有一定的面积，上面可能有各种地形；礁一般来说就是江海中的石头，在海面上能看到的叫明礁，海面上看不到的叫暗礁。岛礁是它们的合称。

对于岛来说，第一个登陆并有效控制的国家对该岛有主权；礁，第一个在此地劳动作业的国家对其拥有主权。主权之争以第一登陆或劳动作业为准。

由于岛和礁的定义牵涉各国的利益，各国对此都有自己的看法，所以彼此

之间的界限也是模糊不清的。究竟应当怎样区分岩礁和岛屿没有固定的规则可资遵循。

根据《联合国海洋法公约》第一百二十一条规定，不能维持人类居住或其本身的经济生活的岩礁，不应有专属经济区或大陆架。该公约只说明了岛礁不得拥有领海大陆架，并未对岛礁主权如何归属做出规定（世界公认的法理是陆地统治海洋，海洋法公约不会去规定陆地主权问题）。

岛礁区特点

在岛礁区，由于岛屿星罗棋布，沿岸与岛屿之间以及岛屿与岛屿之间形成许多航门水道，且一般均较狭窄和弯曲。由于岛屿重叠，在进入航门水道前，往往不易辨认。

岛礁区海底地形复杂，水深变化大且不规则，有明礁、暗礁等航海危险物。由于危险物与航线接近，对航行安全威胁较大。

岛礁区的潮流，由于受到狭窄、曲折地形的影响，所以流速较大，流向也较复杂。在水流受岛礁阻碍的水域和水道口，常形成涡流和回流，增加了船舶航行与操纵的困难。

岛礁区一般是渔船集中的地方，在渔汛期，尤其是大风前后，来往渔船特多。在航道附近还可能布设有渔网和渔栅，因此船舶在岛礁海区航行时，应注意避让渔船和渔具。

在岛礁区，往往山峰众多，且在主要航道上常设有较多的人工助航标志，可供船舶定位、导航和避险使用。

珊瑚礁区特点

珊瑚礁大多是干出礁，在高潮时被淹没，低潮时露出，目测和雷达观测有时不易发现。珊瑚礁区一般没有显著物标可供定位和导航。

珊瑚礁壁陡峭，虽离礁很近，水深却很深。因此，不能以水深的深浅判断与珊瑚礁的距离。珊瑚礁区海流、潮流也比较复杂。

岛礁区航行风险控制

航行前应仔细研究海图及有关的航海资料，使用最新的大比例尺海图。测深点稀少时，应尽量将计划航线画在测深点上，航线离礁石至少在 5 n mile 以上；在岛礁区航行，驾驶员必须随时掌握船舶周围情况，谨慎驾驶；要随时掌握船位，不能仅依赖一种定位方式；岛礁区水深起伏很大，在水流颜色急剧变

浅时，应减速直至倒车，以防触礁。

你知道吗

不同地方的海水的折射率不同，对光的反射折射进行衍射导致颜色不同，在海水里也是这样，红、橙、黄光的波长比较长，能较多地绕过海水分子而很少被散射；蓝、紫光的波长比海水分子短，所以蓝、紫光就容易被海水分子散射出来而进入人的眼里，人眼对紫光的感受能力较低，因此看到的海水通常是深蓝色的。

第十二章 船舶交通管理

船舶交通管理，就是通过采取某些措施，监控船舶交通状况，整顿交通秩序，协助船舶航行。船舶交通管理是一种积极意义上的服务，故国际上称其为船舶交通服务（Vessel Traffic Service，简称 VTS）。

海上交警

船舶交通管理，俗称“海上交警”，通过监控、整顿船舶交通，建立良好的水上交通秩序，协助船舶航行，减少海难事故，特别是船舶碰撞、搁浅、触礁等事故的发生，从而保证船舶安全，保护水域环境和社会环境，提高船舶交通效率。

交通管理系统主要是通过向船舶提供各种交通信息来对船舶交通实施动态的和即时的管理和服务。船舶交通管理系统的建立，大大地降低了船舶交通事故率。

船舶交通管理的管理方式主要包括交通法规管理和交通服务两种手段。

随着现代船舶的快速发展，船舶趋于种类多样化、大型化，船舶设备先进化等特点，海上交通越来越复杂，各国均制定了相应的法规，以规范海上交通。建立船舶交通管理法规，可使管理机关有法可依，也使船舶有法可循。对于违反法规的行为，主管机关可依法予以管理处罚。

涉及船舶交通管理的国际性法规和公约有《1972 年国际海上避碰规则》《船舶定线》《船舶报告制度》等。

第十三届全国人民代表大会常务委员会第二十八次会议于 2021 年 4 月

29日表决通过新修订的《中华人民共和国海上交通安全法》(以下简称《海上交通安全法》),新修订的法律于2021年9月1日起施行,如图12-1所示。

图12-1　海上交通安全法

新修订的《海上交通安全法》以人民为中心,坚持总体国家安全观,保障海上人命和财产安全,维护国家权益,全面提升海上交通秩序管理能力,是统筹国内法治和涉外法治、构建国内法律与国际公约相衔接制度的重要法律制度。

除了《海上交通安全法》,我国有关船舶交通管理法规还有《中华人民共和国船舶交通管理系统安全监督管理规则》、《中华人民共和国海洋环境保护法》和《中华人民共和国对外国籍船舶管理规则》等。

交通服务是船舶交通管理的另一有效手段。服务的形式包括信息服务、助航服务等。

各行其道

随着世界贸易的发展,用于运输货物和旅客的船舶数量也越来越庞大,船舶发生碰撞的概率也越来越大,尤其是在沿岸和狭水道。在船舶交通繁忙的水道建立由通航分道和分隔带组成的现代分道通航制,如同公路上的“专用车道”,很大程度上减少了船舶交通事故的发生。

船舶定线由来

1956 年,西班牙海军少将加西亚 · 法里亚斯提出在直布罗陀海峡及其附近水域建立分道通航制的建议,由此,船舶定线制一词最早出现在《国际海上人命安全公约》中。1961 年,多佛尔海峡成为第一个获得国际海事组织批准采用船舶定线制的水域。截至 2021 年,全球被国际海事组织采纳的定线制措施总计 260 余处,包括分道通航制、深水航路、避航区等。

船舶定线(Ships' Routeing)是船舶交通管理系统的一个重要组成部分,它是由岸基部门用法规或推荐的形式指定船舶在海上某些区域航行时应遵循或采用的航线、航路或通航分道,以增进船舶的航行安全。

船舶定线目的

为什么要对海上航行的船舶进行定线规定呢?船舶定线的目的主要包括以下方面:

(1)分隔相反方向航行船舶的交通流,以减少船舶对遇;

(2)减少横向穿越船舶与通航分道内航行船舶之间发生碰撞的危险;

(3)简化海上船舶汇聚区域内船舶交通流的流向;

(4)在沿海集中进行开发或勘探的区域内,组织安全的船舶交通流;

(5)对所有船舶或某类船舶组织交通流,以避开航行危险区域;

(6)在水深易变或临界水深的区域内,为船舶提供特别指导,以减少搁浅危险;

(7)指导船舶避开渔区或组织船舶安全通过渔区。

国际海事组织专门制定了《船舶定线制的一般规定》,并出版了《船舶定线》(Ships' Routeing),由岸基部门用法律规定或推荐的形式指定船舶在海上某些海区航行时所遵循或采用的航线、航路或通航分道等分道通航制。《船舶定线》是活页书,出版后发布修正资料进行修正,修正资料以替换页和增页的形式给出。

《船舶定线》

《船舶定线》共有以下八部分内容:

第一部分:船舶定线的一般规定;
第二部分:分道通航制;
第三部分:深水航路;
第四部分:避航区;
第五部分:其他定线措施;
第六部分:有关航行的规则和建议;
第七部分:强制船舶报告制、船舶定线制和禁止抛锚区;
第八部分:岛屿间航路采用、指定和替代。

分道通航制

分道通航制是用适当的方法建立通航分道,分隔相反方向的交通流的一种定线措施。它是船舶定线的最主要、最常用的形式,如图 12-2 所示。船舶应按照箭头所指方向航行,除紧急情况下,不得在分割带和分割线上航行。

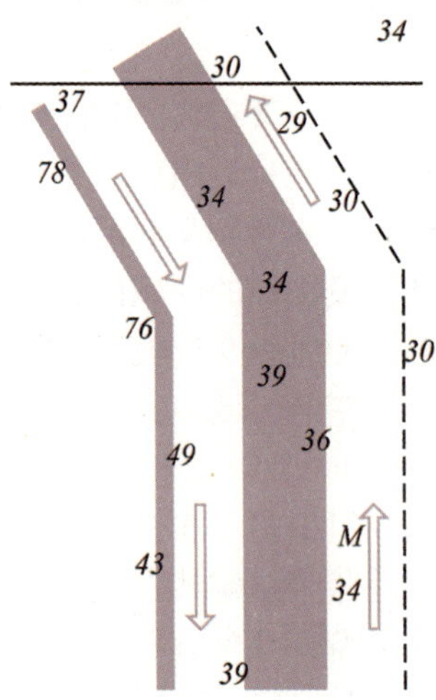

图 12-2　某地分道通航

双向航路

双向航路是在指定的范围内所建立的一种双向通航航道,旨在为通过航行困难或危险水域的船舶提供安全通道的一种航路。该航路上不允许有第三方向的交通,如图 12-3 所示。

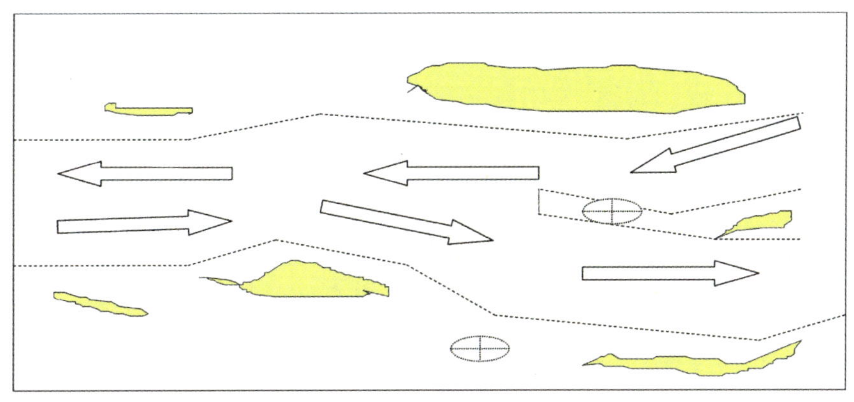

图 12-3　双向航路

推荐航路和推荐航线

推荐航路是为了方便船舶通过而设置的未指 145 定宽度的航路，一般用航路中线浮标作为其标志。

推荐航线是经过专门测量，确保船舶无航行危险，并建议船舶沿该航线航行的一种航线，如图 12-4 所示。

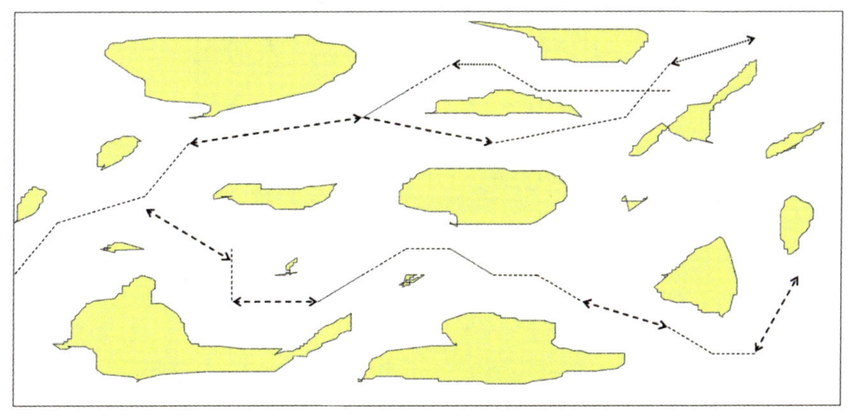

图 12-4　推荐航路和推荐航线

避航区

避航区是由一个区域构成的一种定线措施，是指在该划定区域内，或者是由于航行特别危险，或者是对于避免海难事故特别重要，所有船舶或某些级别的船舶必须避离的区域。

沿岸通航带

沿岸通航带是由一个区域构成的一种定线措施，是指通航分道向岸一侧的边界线与相邻海岸之间的水域，如图 12-5 所示。

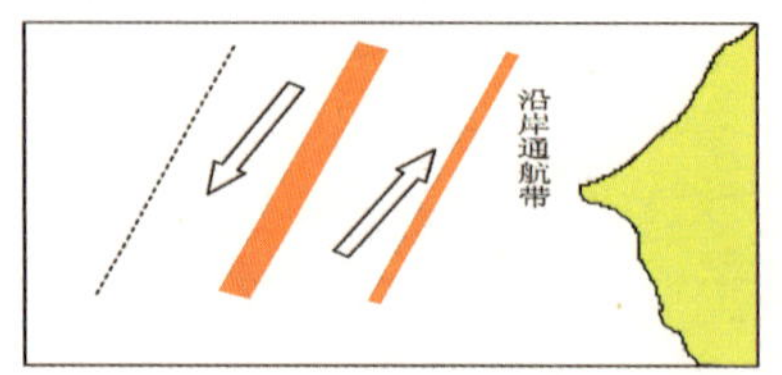

图 12-5　沿岸通航带

环行航道

环行航道是由分隔点或圆形分隔区和一个规定界限的环行通航分道所组成的一种定线措施。在环行航道内，船舶按逆时针方向绕分隔点或圆形分隔区航行，如图 12-6 所示。

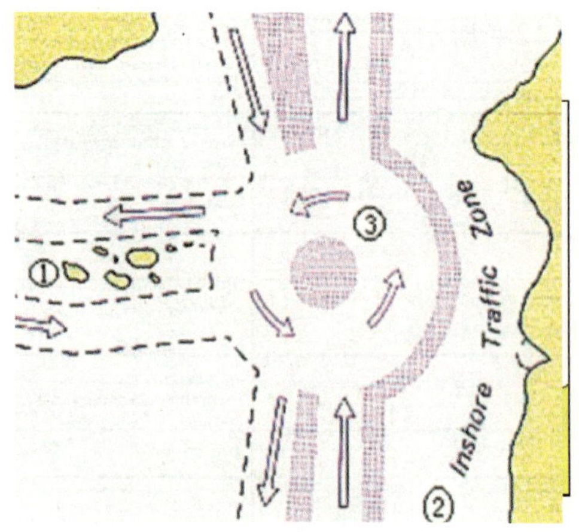

图 12-6　环形航道

警戒区

警戒区是由一个区域构成的一种定线措施。在警戒区内，驾驶船舶必须要特别谨慎，如图 12-7 所示。在警戒区内可能有推荐的交通流方向。

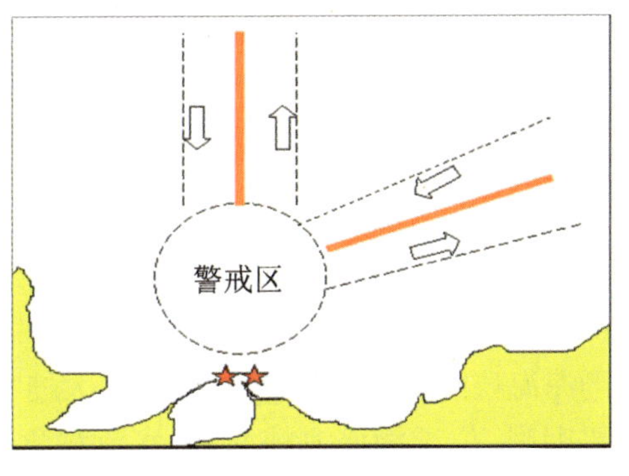

图 12-7　警戒区

深水航路

深水航路是在划定的界限内经过精确测量、海底或海图所标障碍物上的水深足够的航路。图 12-8 中“DEEP WATER ROUTE”表示深水航路。

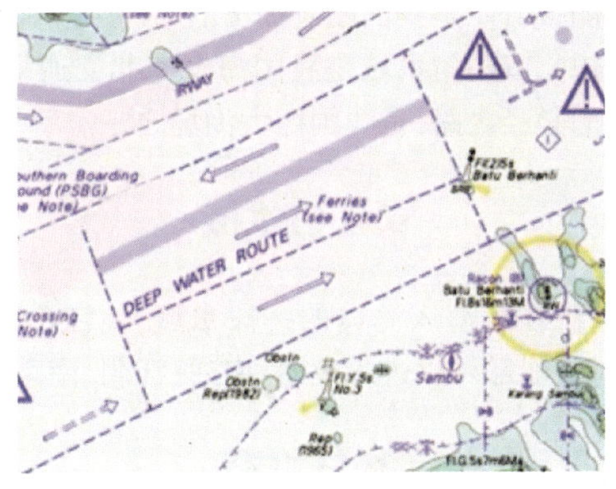

图 12-8　深水航路

有的海图直接用“DW”这个缩写表示深水航路。深水航路主要是为由于其吃水与相关水域可用水深的关系使其需要使用这种航路的船舶所用。不符合以上所考虑因素的过境通航船舶,只要可能,应避免使用深水航路。

我国沿海定线制度

我国沿海和内水是世界上最繁忙、最复杂的水域之一,发生船舶交通事故

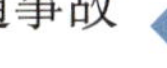

的频率也最多。为了规范沿海船舶航行秩序,改善通航环境,减少船舶碰撞事故的发生,降低船舶污染风险,提高交通效率,维护国家权益,交通运输部海事局制定了我国沿海定线制度,主要包括老铁山水道、成山角水域、长江口水域、担杆水道、珠江口水域、琼州海峡等。

老铁山水道

老铁山水道是渤海海峡的组成部分,连接辽宁省大连市和山东省烟台市,船舶进出渤海的重要咽喉,位于渤海海峡北部,水流湍急。老铁山水道呈西北—东南走向,约 24 n mile,最深处约 83 m。

成山角水域

成山头位于山东半岛最东端,并脉绵入海。它自古就被誉为"太阳启升的地方",有"中国的好望角"之称,国际海事组织称之为"成山角"。成山角水域船舶定线制和船舶报告制是我国政府提出的第一个经国际海事组织审议通过的海事国际性法规。成山角水域是我国海上南北交通枢纽,船舶进出渤海及黄海北部各港口的必经之路,是我国四大渔场之一。

长江口水域

长江口,是指长江在东海入海口的一段水域,长江出海和远洋航运的口门。通过长江口水域,船舶可以进入上海、南通、江阴、南京等长江沿岸港口。

担杆水道

担杆水道,是珠江口外东部重要航道。它介于香港地区蒲台岛与万山群岛中担杆岛之间,是进入珠江口和香港的常用航道。担杆水道连通南海,毗邻港澳,内接广州、深圳等港口,是中国水上运输最为繁忙的水域之一。

珠江口水域

珠江是我国第二大河流,第三长河流。航海实践中通常把蒲台岛与马友石灯船之间的水域称为珠江口水域,是南海进入珠江水系的通道,水上交通繁忙,航路交叉复杂。

琼州海峡

琼州海峡，中国广东省雷州半岛与海南岛之间的海峡，东为南海广东海区，西为北部湾，是中国第三大海峡，仅次于台湾海峡和渤海海峡。海峡东西长约 40 n mile，南北最大宽度约 21 n mile，最窄约 10 n mile。琼州海峡是广东海区与北部湾海上交通的重要通道，沟通北部湾和南海中、东部的海上走廊，也是广州、湛江至海南、广西以及越南的海上交通捷径，著名的粤海铁路火车轮渡实现了两岸铁路连接。

你知道吗

船长应切记，无论采取何种方式进行船舶交通管理，都不免除船长对其船舶所拥有的权力和对船舶安全所应负有的责任。

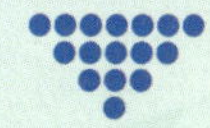

参考文献

[1] 郭禹，张吉平，戴冉. 航海学. 大连:大连海事大学出版社,2017.

[2] (美)NATHANIEL BOWDITCH，LL. D. 美国实践航海学. 张尚悦，伞戈锐，芮震峰,译. 北京:国防工业出版社,2011.

[3] 金秋鹏. 中国古代的造船与航海. 郑州:中州古籍出版社,2020.

[4] 中华人民共和国交通运输部. 中国水运史(远古—1840). 北京:人民交通出版社,2021.

[5] 中华人民共和国交通运输部. 中国水运史(1840—1949). 北京:人民交通出版社,2021.

[6] 张吉平. 电子海图显示与信息系统. 大连:大连海事大学出版社,2014.

[7] 张永宁. 航海气象学与海洋学. 大连:大连海事大学出版社,2021.

[8] 杨立新. 航标. 大连:大连海事大学出版社,2016.

[9] 曹玉墀. 电子海图显示与信息系统(英文版). 大连:大连海事大学出版社,2016.

[10] 何庆华,吕红光. 航海概论(英文版). 大连:大连海事大学出版社,2021.

[11] 施鹤群. 大航海:改变人类历史的发现之旅. 北京:人民邮电出版社,2015.

[12] 周圣威. 轻松认识无线电. 北京:人民邮电出版社,2013.

[13] (英)菲利普·德·索萨. 极简海洋文明史:航海与世界历史5000年. 北京:中信出版集团,2016.

[14] 中国人民解放军海军海道测量局. 中国沿海船舶定线制及 VTS 指南. 天津:中国航海图书出版社,2019.
[15] 王强. 简析世界洋流的分布及其对沿岸地区气候的影响. 现代阅读,2013(01),51.
[16] 刘兴鹏. 北极航线对我国“海运强国”战略的价值. 中国船检,2017(07),49-53.
[17] 宁津生, 姚宜斌, 张小红. 全球导航卫星系统发展综述. 导航定位学报,2013(01), 3-8.
[18] 汪满明. 中国沿海船舶定线制“制”在必行. 中国海事,2011(11), 5-8.